推 销 实 务

主　编　艾　丹　吴建平

副主编　李庆振　马舒琴　郭　建

中国纺织出版社

图书在版编目（CIP）数据

推销实务 / 艾丹，吴建平主编．—北京：中国纺
织出版社，2019.1（2025.5重印）
ISBN 978 - 7 - 5180 - 4547 - 1

Ⅰ．①推… Ⅱ．①艾…②吴… Ⅲ．①推销-教材
Ⅳ．①F713.3

中国版本图书馆 CIP 数据核字（2018）第 001378 号

责任编辑：姚　君　　　　　　　责任印制：储志伟

中国纺织出版社出版发行
地址：北京市朝阳区百子湾东里 A407 号楼　邮政编码：100124
销售电话：010－67004422　传真：010－87155801
http：//www.c-textilep.com
E-mail：faxing@ e-textilep.com
中国纺织出版社天猫旗舰店
官方微博 http://www.weibo.com/2119887771
河北晔盛亚印刷有限公司印刷　　各地新华书店经销
2019年1月第1版　2025年5月第8次印刷
开本：787×1092　1/16　印张：10.5
字数：168千字　定价：98.00

编委会

顾　问：陈泽鸿　谢丹红

主　审：廉　捷

主　编：艾　丹　吴建平

副主编：李庆振　马舒琴　郭　建

前　言

随着我国市场经济的不断完善，企业之间的竞争由过去的产品竞争、价格竞争逐渐发展为整体营销竞争，加上互联网经济革命，使得企业对从事推销工作的营销人才有了新的要求。传播型、告知型、交易型的销售逐步被取代，推销人员需在销售过程中能为客户创造价值和提供愉悦体验。因此，传统的注重推销理论体系完整的学科型教科书难以满足培养既有现代推销知识，又有推销实战技能的应用型人才的需要。而市面上各行各业的推销实用技能培训教材对中职学生来说，又显得太专业，缺少知识的系统性和全面性。如何有效地将两者融合起来，基于此，本书进行了大胆尝试和探索创新。

本书是在以全面素质为基础，以就业为导向，以能力为本位，以学生为主体的职业教育课程改革指导思想下，依据教育部办公厅公布的中等职业学校市场营销专业教学标准和推销实务课程标准，结合本课程多年的教学实践，充分吸收国内外本学科理论和实践研究的新成果编写而成，是中等职业学校市场营销及相关专业的专业教材，也可作为企业推销人员培训和自学参考用书。

本书以职业活动为中心，突出职业技能的培养，结构新颖。依据企业真实的推销工作流程、工作任务，通过对行企业专家、一线优秀推销人员对推销核心岗位任务、能力分析的整合，将梳理出来的推销专业知识、操作技能和工作规范转换为学习领域，确定项目，设计任务，从而形成三大模块 12 个任务：售前准备、售中应对和售后服务模块。其中，售前准备模块包括推销认知准备、心态准备、形象与礼仪准备 3 个任务；售中应对模块包括寻找目标客户、约见与接近目标客户、产品介绍、引导与说服、处理客户异议、促成交易 6 个任务；售后服务模块包括收款、回款和催款，客户投诉处理和回访 3 个任务，共计 12 个任务。

本书以任务引领、行动导向为特色，内容简洁实用、可操作性强。根据学生认知规律，以学习目标—任务描述—案例分享—知识点拨—任务实施—实战训练—理论练习—任务评价的解决系列化问题递进循环结构呈现内容。设计生动的职场情景即任务描述作为导入，激发学生兴趣，引发学生的思考与探索。借助案例分享和知识点拨环节揭示所要传授的理论要点和要提高提升的推销技能，为情景问题的解决和任务实施打下坚实的基础。紧接着实战训练，注重对实践技能的演练，强调边学边练，学以致用。理论练习题型丰富，突出知识技能重点与要点，起到强化与巩固作用。多重任务、多维度评价让学生全方位地认识自我，利于其职业素养的全面提升，从新的角度拓宽了个人进一步成长的空间。

本书力求互动性和趣味性，努力尝试寻找提高学生学习兴趣的途径，让学生在提升专业技能的同时也获得学习的愉悦感受。设计尽量多采用小故事、小案例、图表化文字的表述，避免枯燥，利于学习者认识的形成。

本教材共 72 学时，学时分配见下表（供参考）：

学时分配建议表

模块	任务	课程内容	学时数		
			讲授	实践	合计
售前准备	1	认知准备	2	2	
	2	心态准备	2	2	
	3	形象与礼仪准备	2	2	
售中应对	4	寻找目标客户	4	2	
	5	约见与接近目标客户	6	4	
	6	产品介绍	2	2	
	7	引导与说服	2	2	
	8	处理客户异议	4	4	
	9	促成交易	4	4	
售后服务	10	收款、回款和催款	2	2	
	11	客户投诉处理	2	2	
	12	回访	2	2	
机动			8		
合计			34	30	72

本书由艾丹、吴建平担任主编，李庆振、马舒琴、郭建担任副主编，佛山市顺德区陈登职业技术学校校长廉捷任主审，顺德区乐从供销集团有限公司经理陈泽鸿、谢丹红任本教材的行企业专家顾问。具体编写分工如下：艾丹（模块一任务一和任务二；模块二任务五、任务七和任务八；模块三任务十）、吴建平（模块二任务七和任务八）、李庆振（模块一任务四和模块三任务十二）、马舒琴（模块一任务三和模块二任务六）、郭建（模块二任务四和任务五）、曾洁贤（模块二任务九）、丁文玉（模块三任务十一）、艾丹对全书进行编纂、修改和定稿。在编写本书的过程中，编者借鉴了国内外诸多专家学者的学术观念，参阅和引用了许多论著、论文、案例和网站资料，在此一并表示由衷的感谢！由于篇幅所限，书后参考文献可能存在遗漏，对我们引用文献但未列出的作者表示真诚的歉意，并希望得到谅解。

由于编者水平有限，书中疏漏之处在所难免，敬请专家和读者批评指正。

编　者

2018 年 7 月

目　录
Contents

目 录

Contents

模块一

售前准备

任务一 认知准备

【学习目标】

1. 正确理解现代推销的本质和特征。
2. 知道推销人员应具备的知识结构内容、推销工作职责和推销观念。
3. 培养对推销工作的职业兴趣，树立职业目标，引导学生有意识地完善自我，努力成为一名专业、优秀的推销员。

【任务描述】

小容被聘为美迪克家具公司的导购员。今天是小容第一天上班，销售主管带领她认识新同事并简单参观了家具卖场。之后，主管递给了小容厚厚的一叠文件资料，里面有公司和产品系列介绍、导购员工作职责、行为规范等。"这是公司所有新人正式成为一名合格的导购员前必须要了解的知识。小容，你要认真学习，一周后公司会进行相关知识的考试，依据考试的成绩进行新人安置。"主管语重心长地说。原本以为马上就可以进入家具卖场大展拳脚的小容有点不理解，这些知识真的那么重要吗？

【案例分享】

有个乡下来的小伙子去应聘城里"世界最大"的"应有尽有"百货公司的销售员。百货公司的老板问他："你以前做过销售吗？"小伙子回答说："我以前是村里挨家挨户推销东西最多的小贩。"老板很喜欢他的机灵劲儿，马上就录用了他："你明天来上班吧。等你下班的时候，我会来看一下的。"

第二天，小伙子按时来百货公司上班了。这一天的光景对这个乡下来的穷小子来说似乎有点漫长难熬，但他还是挺了过来。

就在快下班的时候，老板真的来了。见到小伙子后，老板直接问他："你今天做了几单买卖啊？"

"一单。"小伙子回答说。

"只有一单？"老板很吃惊地说，"我们这儿的销售员一天基本上可以完成20到30单生意呢。你一天才完成一单生意，这远远达不到我们公司的合格水平啊！那么，你卖了多少钱啊？"

"150万美元。"小伙子回答。

"啊，150万！你一单生意就卖了150万美元？你是怎么卖了那么多钱的？"老板非常惊讶，很好奇地问道，他迫切地想知道答案。

"是这样的，"乡下来的小伙子说，"今天早上，有一个男士来到我的柜台买渔钩。我先是卖给了他一枚小号的渔钩，然后是一枚中号的渔钩，最后是一枚大号的渔钩。接着，我又卖给了他一根小号的渔线，然后是一根中号的渔线，最后是一根大号的渔线。在包裹渔钩和渔线时，我问他要上哪儿去钓鱼。他说要到海边去。于是，我建议他买一条船。他采纳了我的建议，所以我就带他到卖船的专柜去，卖给了他一艘长约20英尺的有两个发动机的纵帆船。这时，他忽然说他的汽车可能拖不动这么大的船。于是，我便带他去汽车销售区，又卖给了他一辆新款豪华型陆地'巡洋舰'轿车。"

老板惊得后退了两步，脸上写满了难以置信："仅仅想买几个渔钩的客户，你是怎么说服他购买这么多产品的？"

"不是的，"乡下来的小伙子回答道，"他是来给他妻子买东西的。他边挑选边抱怨这个周末不知道该如何打发，我就告诉他'天气这么好，干吗不去钓鱼呢?'然后，我就把钓鱼需要的产品介绍给他了!"

【案例剖析】 乡下小伙子没有像普通的售货员那样强行灌输式推销，以自己为主，忽视顾客的感受，自己认为什么好，怎样好，并且认为消费者也是这样想的来开展推销活动。他坚持以目标顾客的需求为导向，注重顾客的消费感受，随时了解顾客的需求，随时关注顾客需求的变化并循循诱导，注重同顾客情感上的沟通交流，这才是真正意义上的现代推销。

【知识点拨】

一、对现代推销的认知

（一）推销的含义

> 销售是一项报酬率非常高的艰难工作，也是一项报酬率最低的轻松工作。所有的决定均取决于自己，一切操之在我。我可以是一个高收入的辛勤工作者，也可以成为一个收入最低的轻松工作者。销售就是热情，就是战斗，就是勤奋工作，就是忍耐，就是执着的追求，就是时间的魔鬼，就是勇气。
>
> ——日本推销之神原一平的座右铭

推销是一个古老的名词，它是商品经济的必然产物，伴随着商品交换的产生而产生，以及商品经济的发展而发展。推销是现代企业经营活动中的一个重要环节，在众多的企业里脱颖而出，有一个好的经营决策固然重要，但实施执行营销方案还是依靠直接与客户打交道的业务人员。在商品经济发达的国家认为"推销工作是经营的命脉""熟悉经济环境及应付市场变化的好手"和"新产品的建议者和开发者"。但在我国，由于历史和现实的原因，有些人对推销有着种种误会和曲解，总是把推销与沿街叫卖、上门兜售以及伪劣低质产品联系在一起；对于从事推销的工作人员，则认为他们多是身无一技之长，谋职无门，无可奈何下选择做推销，只要会耍嘴皮子，会忽悠顾客，勤快一点就可以把推销工作做好。这些错误的、似是而非的认识使人们忽视了对推销活动规律的探讨和研究，也影响了一支优秀职业推销队伍的建立。据权威部门统计，世界上90%以上的巨富都是从推销员干起的。李嘉诚曾深有感触地说："我一生最好的经商锻炼，是做推销员，使我学会了不少东西，明白了不少事理，这是我今天用十亿元也买不来的。"因此，必须正确认识推销，这是熟悉推销业务、掌握推销技巧的前提。那么，什么是推销呢？

现代推销可以从广义和狭义两个方面来解释。推销，每一个人都需要它；推销，每一个人都从事着它。我们无时无刻不在推销着自己。男人推销风度和才华，女人推销温柔和漂亮，画家推销着美感，音乐家推销着旋律等。因此广义的推销是一种说服、暗示，也是一种沟通、要求，是由活动主体运用一定的方法与技巧，通过沟通、说服、诱导与帮助等手段，使特定的对象接受某种事物、思想、建议、观点、愿望、形象等的活动总称。

狭义的推销是指企业推销人员通过传递信息、说服等技巧与手段，确认、激活顾客需求，并用适宜的产品满足顾客需求，以实现双方利益交换的过程。

这一概念强调了推销以下几个方面的内涵：

（1）推销的核心在于激发并满足顾客的欲望和需求。推销是以顾客需求为导向的，是一个分析需求、判断需求、解决需求、满足需求的过程。

（2）推销的目的在于促成购买行为，达到双赢。推销人员要促成交易的达成，一定是买卖双方都满意，即推销是双赢的，买卖双方均受益的公平交易活动。

（3）推销的基本要素，即推销人员、推销对象和推销客体。这是推销活动得以实现的必要因素。推销人员是开展推销行为的主动方；推销对象是接受推销的各类顾客和购买者；推销客体，也称推销品，是指被推销的目标，推销人员向顾客推销的各种有形和无形的商品，如产品、劳务等。

（二）推销的特点

（1）主动性。采取主动出击的策略，不断地去寻找潜在顾客，开发客户资源，主动去和顾客接触，把那些可买可不买、可在这里买也可在那里买的众多顾客，变成本企业的现实顾客，从而有效扩大自己的销售额。

（2）针对性。推销总是有特定对象的，推销员不可能漫无边际或毫无目的地寻找顾客，也不可能随意地向毫不相干的人推销商品，否则推销就成为毫无意义的活动。只有先确定好推销对象，才能有效地开展推销。

（3）灵活性。虽然推销具有特定性，但影响市场环境和推销对象需求的不确定性因素很多，环境与需求都是千变万化的。推销活动必须适应这种变化，灵活运用推销原理和技巧，恰当地调整推销策略和方法。可以说，灵活机动的战略战术，是推销活动的一个重要特征。

（4）双向性。推销并非只是由推销员向推销对象传递信息的过程，也是信息传递与反馈的双向沟通过程。推销人员一方面向顾客提供有关产品、企业及售后服务等方面的信息，另一方面必须观察顾客的反应，调查了解顾客对企业产品的意见与要求，并及时反馈给企业，为企业领导做出正确的经营决策提供依据。因此，推销是一个信息双向沟通的过程。

（5）互利性。现代推销是一种互惠互利的双赢活动，必须同时满足推销主体与推销对象双方的不同要求。成功的推销需要买与卖双方都有积极性，其结果是"双赢"，不仅推销的一方卖出商品，实现赢利，而且推销对象也感到满足了需求，给自己带来了多方面的利益。这样，既达成了现下的交易，也为将来的交易奠定了基础。

（6）说服性。推销的中心是人不是物，说服是推销的重要手段，也是推销的核心。为了争取顾客的信任，让顾客接受企业的产品，采取购买行动，推销人员必须将商品的特点和优点耐心地向顾客宣传、介绍，促使顾客接受推销人员的观点、商品或劳务。

（7）系统性。现代推销强调系统性，推销的成功是企业"整体"的成功，是企业"整体"配合的结果。它包括了从确定推销目标，进行推销调查，直至推销决策等一系列环节和工作。现代推销的系统性要求把企业看作一个系统，企业中任何一个环节和工作仅仅是这个大系统中的一个子系统，系统必须协同动作才能取得成功。

二、对推销人员角色的认知

（一）推销人员的知识结构

> 如果你有丰富的商品知识和销售技巧，就会有很多客户购买你的产品或服务，多到足以让你在销售生涯中获取丰硕的成果。
>
> ——乔·吉拉德

推销工作并不是一件轻而易举的工作，而是一项极富创造性、挑战性且艰苦的工作，对推销人员的素质有着一定的要求。推销人员每天要与各种各样的顾客打交道，推销人员知识的广度和深度在很大程度上决定着推销人员的推销能力，因此作为一名合格的、优秀的推销人员必须要有扎实而丰富的知识结构、具备一定的专业素养，从而指导着他们不断地克服推销障碍，不断地取得进步，进而逐渐从普通走向优秀，直至向卓越发展。

推销人员应掌握的知识结构主要包括以下几方面（图1-1）：

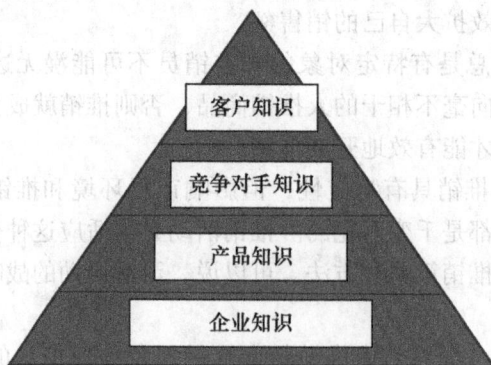

图1-1 推销人员知识构成图

1. 企业知识

作为一名推销人员，为了更全面地了解自己的产品，首先要了解自己的公司，熟悉本企业的历史，在本行业中的地位、发展前景、经营方针及理念、产品种类及特点、服务项目、交货付款的方式和条件等。因为公司的规模、实力、形象都可以引发客户的联想，同时也是推销人员说服客户强而有力的依据。具体来说，推销人员可以通过图 1-2 所示的四个方面来了解自己所在的公司。

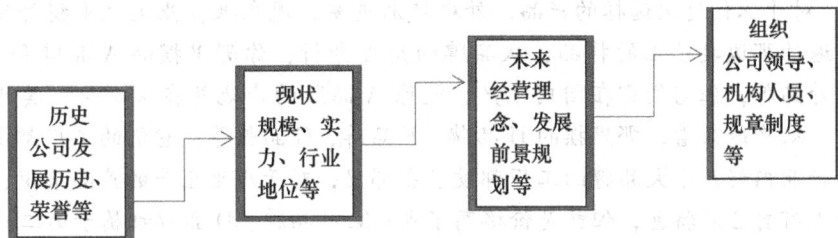

图 1-2 推销员应了解本公司的四个方面内容

（1）企业历史。推销员应掌握企业的创建时期、发展历程、经营的指导思想、经营的方针目标、企业发展壮大的背景知识、发展过程中的名人逸事。掌握这些有关企业的历史知识可以使推销员在与顾客交谈时显得知识渊博，有利于树立推销员自身的形象，增强推销员工作的自豪感和归属感。

（2）企业规模实力大小。在与顾客的洽谈中，顾客一般会认为企业规模大、实力强的公司会比较可信，销售过程中比较有优势。企业规模实力大小可以通过以下指标来反映：公司员工人数、工厂办公室的规模与数量、市场占有率、行业排名等。

（3）企业未来经营理念、发展前景规划。推销员了解企业的经营理念、发展前景规划，在与顾客交谈时，都必须知道这些情况。

（4）企业领导与组织机构、企业规章制度和政策。推销员应了解企业领导层的职务、姓名、行业名声，对那些与销售有关的部门和人员应非常熟悉。推销人员要熟悉企业的赊销规定、企业的价格政策、企业的服务措施等各项规章制度和政策。

2. 产品知识

熟练掌握产品知识的推销员不一定是优秀的推销员，但优秀的推销员一定是熟悉产品知识的人。推销员对企业生产的，尤其是自己负责推销的产品和服务应当非常熟悉。对产品知识一知半解就贸然开展推销行动，企图蒙混过关，不懂装懂，其结果往往使推销员威信全无，客户对推销人员也会彻底失望。只有对产品知识无不精通，才能成为一名能够为客户提供建议的产品专家，成功地将自己和产品都推销给客户。

【小故事】推销人员去拜访一位采购经理，当把产品放在采购经理面前时，采购经理看了看说："我们现在还没有定型，需要让设计经理看看外观，其他品牌的产品都放在那边桌子上了，你也放在那边吧。"推销人员只好拿着产品走到了采购经理指的桌子那里，此时他才发现，原来自己来晚了，那个桌子上已经摆了十几个品牌的产品了。

推销人员按照采购经理的要求把产品放在了桌子上，可是，要在十几个品牌的几十个型号中脱颖而出，自己带来的产品从外观上来说并没有太多的特色。如果放下产品再过去跟采购经理打个招呼就离开，这一次的拜访绝对是一次无效的拜访。于是他并没有急着离开，而是把桌子上的所有的品牌都挨个看了一遍，然后走过来跟采购经理打招呼："你好，李总，我刚刚看了一下你们那边放的产品。"

"哦！我们要先选外观，要等设计经理回来之后，先选一遍，淘汰一批产品，你现在跟我讲也没用。"

"是，对于你们这次选择的产品，外观特别重要，现在很多业主也重视外观。我刚才看了一遍你那边桌子上的样品，从品牌的角度分析，你那里摆的A品牌和B品牌，都属于国外品牌，但它们都在国内生产，就像A品牌的产地就在×××。其他的属于国内品牌。从产地来看，那里摆的H品牌、F品牌、G品牌等，它们的工厂都是第一产地，这个行业内好几个大品牌的工厂都设置在那里，对于那里生产的产品来说，稳定性好，设计上有自己的特色，但就是价格高了点；像C品牌、D品牌都属于第二产地生产的，这里也是该产品重要的生产基地，但就是小厂太多，产品外观设计还可以，但稳定性肯定不能跟第一产地生产的相比，不过价格合适。如果从专业性的角度分析，刚才我说的那几个品牌都属于专业生产这类产品的品牌，还有几个牌子属于新生代的产品，它们以前是生产别的产品的，但由于看到了这个行业的发展趋势好，这两年也投钱到这个行业，不过刚开始生产，可能经验还不是很丰富。剩下的，我就不建议您选了，因为那都是代加工的，没有自己的工厂，今天在这里买一块板子，明天再去那里买一个外壳，组装了一个产品，能拿一个项目就拿一个项目，拿不到也没关系，反正没有什么投入。如果您这个项目真的要选择稳定性强的产品，一定要拆开产品了解细节，而不是仅仅看外观，您看您有没有时间，我把我们的产品拆开给您看看？"

"还这么复杂啊？行，你拿过来拆开看看吧。"

这位推销人员通过自己对产品的各方面知识的精通了解，抓住产品的核心卖点、与竞争对手产品的对比优势等，成功建立起自己在客户心中的"专业"形象，从而赢得一次产品介绍的机会。

那么，推销员具体需要了解产品哪些方面的知识呢？详见图1-3。

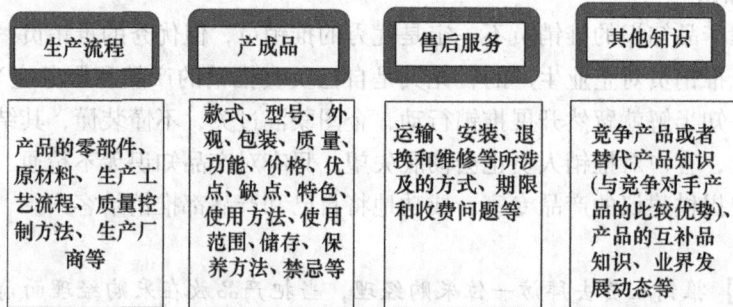

生产流程	产成品	售后服务	其他知识
产品的零部件、原材料、生产工艺流程、质量控制方法、生产厂商等	款式、型号、外观、包装、质量、功能、价格、优点、缺点、特色、使用方法、使用范围、储存、保养方法、禁忌等	运输、安装、退换和维修等所涉及的方式、期限和收费问题等	竞争产品或者替代产品知识（与竞争对手产品的比较优势）、产品的互补品知识、业界发展动态等

图1-3 推销员应该掌握的产品知识

除了以上产品知识外，推销人员还应能找出所售产品有别于竞争产品的独特卖点。市场上的产品种类繁多，推销员在向客户展示产品时，如果只是单纯地罗列自己的产品知识并不能保证推销的成功，客户往往会通过比较，选出更出色、更能满足自身需求的产品，所以推销员需要及时把自己的产品与竞争产品进行比较，从中找出产品的优势与劣势。而优势，则是产品强而有力的卖点，是推销员要向客户重点介绍的，而劣势则是需要推销员想方设法去规避的，通过找出几项更好的利益来加以平衡。一般来说，寻找、提炼产品的卖点可依据图1-4所示的四个方面内容。

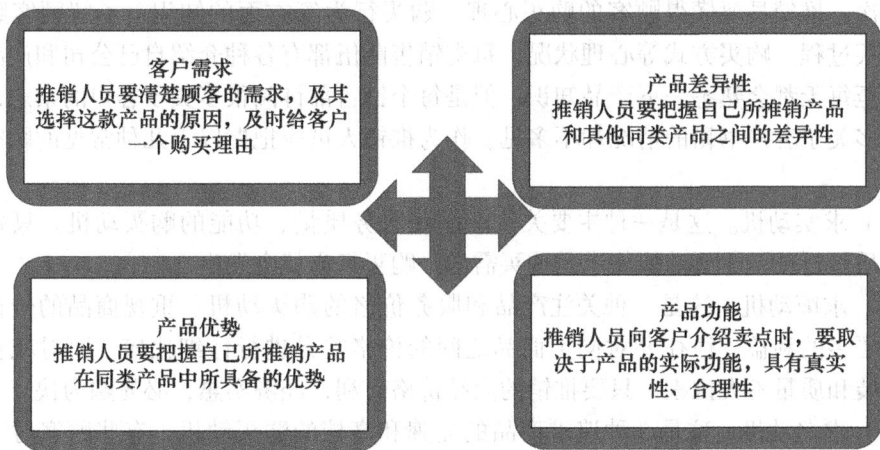

图1-4　推销员提炼产品卖点的四个方面

推销人员依据以上这四个方面内容进行卖点提炼，具体来说产品一般具有哪些卖点呢？详见图1-5。

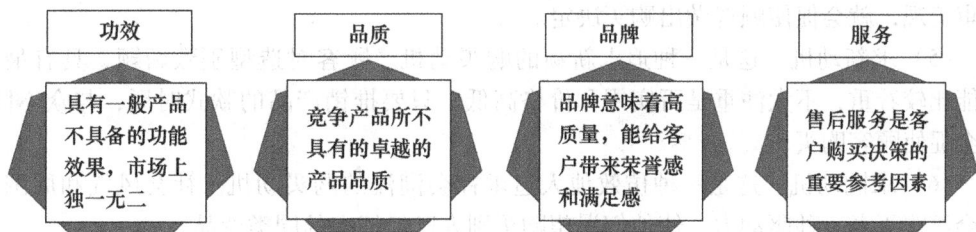

图1-5　推销员常用的产品卖点

推销人员要勤于学习，不断积累自己的产品知识，做到精通产品的各方面知识，才能有效塑造出自己的专业形象，为成功推销增加胜算。

3. 客户知识

推销工作面对的是顾客，因此在推销员的知识构成中，排在第一位的应该是客户知识。

首先要充分了解客户信息。有时候推销员千方百计约到了某个客户，但是在和这个客户进行面对面交流的时候，却往往不知道要说些什么。

【小故事】陈帆是一名电脑销售员。有一次，他去拜访一家银行的IT部副经理。这位副经理是他费尽心思，用了三个星期的时间才约到的。但是当他出现在这个副经理面前时，突然间觉得无话可说了。说了上一句之后，却不知道下一句该说什么。结果经常冷场，两人都觉得非常尴尬。自然，拜访很快就结束了，见面的结果则是这位副经理没有任何兴趣讨论陈帆的产品，更不要说购买了。因此在推销员的知识体系中，客户知识是最重要的。全面、主动地了解客户的相关信息，见到客户的时候才会有更多的话题可说。

其次，推销员要懂得顾客的购买心理、购买行为等方面的知识，了解顾客购买习惯、购买过程、购买方式等心理状况。每支销售队伍都有各种介绍自己公司和产品的资料，甚至每天都会熟悉一下产品知识，但是每个销售部订阅很多关于客户的杂志，或者购买许多关于客户书籍的情况却不多见。作为推销人员应把握以下几种常见的顾客消费心理。

（1）求实动机。这是一种主要关注产品和服务质量、功能的购买动机。只要推销的产品质量过硬，主要功能能满足购买需求，购买行为就会发生。

（2）求廉动机。这是一种关注产品和服务价格的购买动机。重视商品的价格，希望得到更多的利益，往往要对同类商品之间的价格差异进行仔细比较，而对花色、款式、包装和质量不大挑剔，只要推销的商品价格有利，经济实惠，必先购为快。

（3）求名动机。这是一种追求商品的品牌和高档的购买动机。有些顾客对商品和服务本身缺乏足够的认识，为了确保购买质量，往往会选择名牌产品和知名的供应商，而有些顾客则是为了显示自己的地位、身份特殊或满足自己的优越感。

（4）求美动机。这是一种追求商品的欣赏价值和艺术价值的购买动机。注重商品本身的造型美、色彩美、艺术美，不强调商品的实用性和价格，只要推销产品符合顾客的审美观，就会促使顾客做出购买决定。

（5）求新动机。这是一种追求新颖的购买动机。顾客对造型别致新颖、具有最新功能比较看重，不太注重是否实用和价格高低，只要推销产品的款式时髦，与众不同，都会促使顾客购买。

（6）求同动机。这是一种仿效他人追求社会潮流的购买动机。社会风气和周围环境会给购买者一种驱动力，使他们渴望购买别人已经拥有的同类商品。

4. 竞争对手知识

推销人员应了解竞争对手和竞争产品的情况，"知己知彼，百战不殆"。竞争情况掌握得越清楚，推销员在推销中就越主动、越自信，销售交易成功的机会就越大。

（1）识别定位竞争对手（表1-1）。

竞争首先表现在同行业之间，其次在不同行业间也存在着相互竞争的情况。因此，推销人员要识别准确定位竞争对手类型，确认竞争对手目标，在制定应对策略时才能有依有据，有方向性，才能更有针对性地做出反应。

表1-1 识别定位竞争对手

不同角度	竞争者类型	详细内容
不同行业	现有厂商	本行业内现有的生产同样产品的其他商家（直接竞争者）
	替代品厂商	生产具有相同功能，能满足同一需求的性质不同的其他产品商家（间接竞争者）

续表

不同角度	竞争者类型	详细内容
不同市场	品牌竞争者	以相似价格向相同顾客提供类似产品或服务的竞争者
	形式竞争者	提供不同规格、型号款式，但属于同重类型的产品
	需求竞争者	提供不同种类产品，但能满足和实现消费者的同种需求
	消费竞争者	提供满足顾客不同愿望的不同产品，但目标消费者相同
企业所处的竞争位置	市场领导者	产品在某一行业的市场上占有最大的市场份额，通常在产品开发、价格变动、分销渠道、促销力量等方面处于领导地位
	市场挑战者	在产品行业中处于次要甚至更低的地位，试图通过主动竞争扩大市场份额，提高市场销量
	市场追随者	在行业中居于次要地位，并安于次要位置，在战略上跟随市场领导者
	市场补缺者	行业中相对弱小的中小企业，专注于被大企业忽视的细小部分，通过生产和提供具有特色的产品和服务获取最大收益

（2）评估竞争对手的优劣势（表1-2）。只有对竞争对手的优劣势进行评估，做到知己知彼，才能有针对性地制定正确的营销策略。在评估时，推销员可以从以下方面入手：

表1-2　评估竞争对手

评估途径	具体内容
评估产品特点	竞争对手产品主要特点、质量、性能、独特优势、价格、销量、知名度、信誉度、市场占有情况等
评估销售渠道	竞争对手销售渠道的广度和深度、实力、服务能力等
评估生产与经营情况	竞争对手生产规模、生产水平、生产设备的先进性、专利技术拥有情况、原材料来源、成本等
评估资金实力	竞争对手的资金结构、融资能力、现金流量等

【小故事】推销人员小波应聘进一家新成立的油漆公司做推销员。由于公司是新成立的，产品知名度不高，不被客户所认可等一系列问题都成为小波推销油漆的阻碍。为了提高销量，小波开始对竞争对手进行了详细的调查分析。小波发现，竞争对手虽然规模大，实力强，但是他们只对那些订单较大的客户给予很好的服务，时常忽略对小客户的服务，不但不实现承诺赠送赠品，甚至还要求他们自己上门取货。久而久之，很多小客户对竞争对手的做法非常不满，但由于他们长期使用竞争对手的产品，而且又没有合适的油漆生产商可以替代，所以一直不满的这些小客户也没有更好的产品。了解了这些后，小波开始接触对竞争对手心怀不满的客户，免费让他们试用产品，并保证优质的服务。客户在试用产品后，对油漆的质量非常满意，于是小波在竞争对手没有注意的情况下，迅速占领了这些小客户市场。

（二）推销人员的工作职责与观念

1. 推销人员的工作职责

推销人员的职责是指推销人员必须做的工作和必须承担的相应责任。推销人员的主要职责有：

（1）销售商品。将企业生产的商品从生产者手中转移到消费者手中，满足消费者的需要，为企业再生产和扩大再生产创造条件，是推销人员最基本的职责，也是推销工作的核心职责。

（2）收集市场信息。推销人员要自觉地充当企业的信息收集员，深入市场及顾客之中，在销售商品、为顾客提供服务的同时，有意识地了解、收集市场信息。市场信息的内容包括：市场供求关系的现状及其变化趋势，消费者特征结构方面的情况，消费者需求的现状及变化趋势，消费者对产品的具体意见和要求，消费者对企业销售政策，售后服务等的反映，同类产品竞争情况等。

（3）沟通关系。推销人员运用各种管理和人际交往手段，与顾客建立长期、稳固的联系，千方百计地发展新的关系，吸收、说服潜在顾客购买企业的产品，从而不断开拓新市场，扩大企业的市场份额，这是推销人员的重要职责。

（4）提供服务。推销人员不仅要为顾客提供满意的产品，而且更重要的是为顾客提供各种周到和完善的服务。服务是产品功能的延伸，在市场竞争日益激烈的情况下，服务往往成为能否完成销售的关键因素。

（5）树立形象。推销人员是连接企业与顾客的纽带，因此推销人员在推销时代表的是企业，能否树立一个好的形象，是衡量推销员合格与否的重要标准之一。同时良好的企业形象又会直接影响顾客的购买行为，是完成推销活动的重要保证。

2. 推销人员应持有的观念

推销观念是推销人员在开展推销活动过程中，处理企业、顾客、社会三方面利益关系所持有的态度和理念，也是推销人员从事推销活动的基本指导思想。传统的推销观念强调以生产和产品为中心、以达成交易为中心，只注重本企业的产品，注重推销技巧的训练和应用，忽视顾客的需要，其目的只是设法通过各种推销政策和技法将本企业的产品推销出去。现代的推销观念则强调以满足顾客需要为中心，实施整体销售，关注社会利益，使顾客利益、推销人员及其所在企业的利益与社会利益相互协调（表1-3）。现代推销观念要求推销人员在销售活动中必须注意：（1）把顾客及其需要作为推销的出发点；（2）向顾客说明及证实推销品能满足顾客需要，使顾客主动接受推销人员的推销品；（3）既要考虑顾客的需要和利益，也要考虑推销人员及所在企业的利益，还要考虑社会利益，使之相互协调。

表1-3 传统推销观念与现代推销观念的比较

区别点	传统推销观念	现代推销观念
目的	出售产品，创造利润	满足顾客需要
效果	企业或个人获益	双赢
模式	高压式、劝说式	温和式、沟通式

区别点	传统推销观念	现代推销观念
重点	介绍产品的优点	倾听顾客的要求
主要方法	说服、展示	询问、倾听、展示
研究侧重	产品、销售辞令	消费者需要层次、背景

【任务实施】

"作为家具导购员，我们只有掌握了必要的知识，才能进行有针对性的介绍，除了对自己公司、自己的产品全面了解外，还要对竞争对手的产品和服务做深入的了解，这样我们才能为顾客提供专业化服务……"在公司的早会上，小容听到了金牌导购员的成功经验分享。小容开始认真学习，希望自己在不久的将来也能成为一名金牌导购员。通过学习，小容了解到自己的公司美迪克的发展历史、规模实力、经营理念和公司领导机构等，也初步知道公司家具产品的三个系列类型及部分产品（如沙发、衣柜等）的规格大小、主体材料、设计风格等。她相信有了这些知识，她的导购介绍会更自信。

【实战训练】

活动一：模拟演练

【演练目的】

通过情景小品模拟演练，掌握推销的含义，纠正对推销的认识偏差。

【演练内容与步骤】

1. 观看小品《卖拐》，并结合片段台词，分析小品中的推销三要素是什么。这种推销行为是否符合现代推销的含义？为什么？

2. 赵本山扮演的推销员具备的哪些素质和能力是值得你借鉴的，哪些是不值得推崇的？

3. 如何对该推销过程进行改进？修改台词，找三名同学共同表演。

活动二：访谈

找一位现职的推销员，向他（她）询问了解以下问题：

1. 你认为你的主要任务是什么？

2. 你是如何看待你现有的顾客及潜在顾客的？

3. 你对你所推销的产品各个方面都非常了解吗？

4. 你是本着什么样的态度去从事推销工作的？

5. 如何当好一名称职的推销员？怎样塑造自己的良好形象？

【理论练习】

一、填空题

1. 推销的核心是_____。

2. 推销的目的是_____。

3. 推销要素有_____、_____、_____。

4. 推销的特点有_____、_____、_____、_____、_____、_____。

5. 推销人员应掌握的知识包括_____、_____、_____、_____。

6. 推销人员的工作职责主要有_____、_____、_____、_____、_____。

二、单选题

1. ( ) 是指推销人员与顾客通过面对面的接触，运用一定的推销方法和技巧，将商品或劳务的信息传递给顾客，使其认识商品或劳务的性能、特征，引起注意，激发其购买欲望，实现购买行为的活动过程。

    A. 营销　　　　　　 B. 广义推销　　　　 C. 狭义推销　　　　 D. 销售

2. 推销活动的核心在于 ( )。

    A. 推销方法和技巧　　　　　　　　 B. 激发并满足顾客的欲望和需求

    C. 促成购买行为　　　　　　　　　 D. 提供服务

3. 现代推销是一种互利互惠的双赢活动，必须同时满足推销双方的利益，这说明具有 ( ) 的特点。

    A. 特定性　　　　　 B. 互利性　　　　　 C. 双向性　　　　　 D. 系统性

4. 推销员不可能漫无边际或毫无目的地寻找顾客，也不可能随意地向毫不相干的人推销商品，这说明推销具有 ( ) 的特点。

    A. 特定性　　　　　 B. 互利性　　　　　 C. 双向性　　　　　 D. 系统性

5. 推销的成功是企业整体的成功，是整体配合的结果，这说明推销工作具有 ( ) 的特点。

    A. 特定性　　　　　 B. 互利性　　　　　 C. 双向性　　　　　 D. 系统性

6. 推销人员工作的基本职责是 ( )。

    A. 销售商品　　　　　　　　　　　 B. 传递商品信息

    C. 提供服务　　　　　　　　　　　 D. 反馈市场信息

7. 现代推销观念认为 ( )。

    A. 消费者喜欢那些可以随处买到而且价格低廉的产品

    B. 只要大力推销，消费者就会接受企业的产品

    C. 只要产品质量好，就不愁卖不出去

    D. 从消费者需要出发生产产品是推销的基础

8. 以追求商品或劳务的实际使用价值为主要目的的购买动机，称为 ( ) 购买动机。

    A. 求新　　　　　　 B. 求廉　　　　　　 C. 求实　　　　　　 D. 求美

9. 以追求商品的艺术价值和欣赏价值为主要目的的购买动机，称为 ( ) 购买动机。

    A. 求新　　　　　　 B. 求名　　　　　　 C. 求实　　　　　　 D. 求美

10. 消费者受他人影响，自觉或不自觉地模仿他人的购买商品和消费行为而形成的购买动机，称为 ( ) 购买动机。

    A. 求新　　　　　　 B. 求美　　　　　　 C. 求同　　　　　　 D. 求名

11. 推销人员应改变"卖完就分手"的做法，他应担负的主要职责是（   ）。

A. 搜集市场信息   B. 销售商品   C. 沟通关系   D. 提供服务

12. 推销人员掌握产品知识的主要目的是（   ）。

A. 为顾客提供全面服务   B. 为企业推销产品

C. 更多地了解产品   D. 丰富自己的知识

三、多选题

1. 下列关于推销人员工作职责说法错误的有（   ）。

A. 推销员的任务就是从顾客需要出发为顾客提供满意的商品或劳务并实现双赢

B. 推销员的任务就是把竞争对手打倒，这样自己才能活下来

C. 推销员的任务就是要做大市场份额，提高企业产品的市场占有率

D. 推销员的任务就是卖产品，只要能将产品卖给顾客就可以

2. 推销的基本要素有（   ）。

A. 推销人员   B. 推销机构   C. 推销品   D. 推销对象

3. 推销人员掌握企业方面的知识主要包括（   ）。

A. 企业历史   B. 企业规模   C. 企业财务   D. 生产工艺流程

E. 规章制度   F. 领导职务和姓名

4. 提炼产品的卖点可以从（   ）方面来考虑。

A. 顾客的需要   B. 产品优势

C. 与同类产品的差异   D. 产品功能

5. 推销人员的职责有（   ）。

A. 销售商品   B. 传递商品的信息

C. 提供服务   D. 反馈市场信息

E. 树立形象

6. 推销人员向企业反馈的市场信息主要包括（   ）。

A. 顾客信息   B. 推销培训信息

C. 市场需求信息   D. 竞争者信息

7. 一个称职的推销人员应具备（   ）。

A. 全面掌握科学文化知识和业务知识   B. 与本专业相关的专业知识

C. 掌握推销产品与服务知识   D. 研究竞争对手，确立竞争优势

四、判断题

1. 推销无处不在。（   ）

2. 推销品是企业和顾客之间的桥梁。（   ）

3. 推销人员必须首先确定推销对象，才能有效地开展推销活动，这是由推销的特定性特点决定的。（   ）

4. 推销是推销人员主动进行的活动，因此推销应当以企业利益为中心。（   ）

5. 一个称职的推销人员应具备外交家的风度、学者的头脑、运动员的体魄、艺术家的语言和服务员的热情。（   ）

五、简答题

1. 谈谈你对推销的看法。

2. 传统的推销观念与现代推销观念有什么不同？

3. 推销人员的工作有搜集市场信息、沟通关系、销售产品、提供服务、树立形象等。你认为其中哪一项最为重要？

六、案例分析

1. 一家公司为促进销售，公开招聘推销员，应聘试题：把木梳卖给和尚，期限10天。10天转眼就到了，众多应聘者只有3个人回到公司报到，并被公司留用。甲卖出1把，乙卖出10把，丙卖出1000把。

甲跑了很多家寺庙对和尚们大侃木梳的好处，均遭拒绝，他又累又饿，来到最后一家。他找到一个和尚诉说自己卖木梳的艰辛，和尚动了恻隐之心，买下了1把。

乙首先对寺庙进行了比较和筛选，去了一座名山古寺。由于山高风大，进香者的头发都被吹乱了。他找到寺院的住持说，蓬头垢面是对佛的不敬，应在每座庙的香案前放把木梳，供善男信女梳理鬓发。住持采纳了他的建议，买下了10把。

丙接下任务后花了一个星期的时间进行思考和调查，他发现各大寺庙都有一些纪念品回赠香客，但大多不实用，于是他想到能否把普通的木梳变成有意义的纪念品。他找到佛教协会的会长提了个建议：由公司统一制作名为"积善梳"的木梳，根据各寺庙的需要由协会统一提供，这样可以更好地弘扬佛教文化，也避免了寺庙过问俗事的问题。这个建议被会长采纳，很快就定下了1000把。

【思考】

（1）三个应聘者的推销方法有哪些不同？

（2）丙出色完成任务的原因何在？

（3）为什么甲只卖出了一把梳子，公司仍决定留用他呢？

2. 在某家摄影器材专卖店，一名新招聘的推销员在推销摄像器材时遇到了一位细心的顾客。下面是他们的对话：

顾客：这种产品是原装进口的还是国内组装的？

推销员：嗯……是进口的。

顾客：那怎么产品上面打着"made in China"。

推销员：这……

顾客：你们公司的总经理是谁？

推销员：对不起，我刚刚来到这家公司，我不太清楚。

【思考】

（1）这位推销员的业务能成功吗？为什么？

（2）如果你是摄像器材的推销员，你该怎样回答？

【任务评价】

序号	评价标准	分值（100分）	得分
	小组评价	共40分	
1	出勤情况	5	
2	态度与纪律情况	5	
3	参与讨论情况	10	

续表

序号	评价标准	分值（100分）	得分
4	小组展示情况	10	
5	团队合作情况	10	
	个人评价	共60分	
6	对推销的认识正确	15	
7	熟悉推销人员应具备的知识结构内容	15	
8	熟悉推销人员的工作职责	15	
9	开展推销工作所持的观念正确	15	
	合计		

任务二　心态准备

【学习目标】

1. 知道推销人员必备的心理素质要求。
2. 增强胜任推销工作的自信心、坚持、抗挫力与热情。
3. 培养积极、健康的推销心态。

【任务描述】

　　小西是一名新入职的保险业务员。在经过公司新人岗前培训后，他便满怀信心地怀揣着宣传单和协议书，开始了他上上下下马不停蹄的"扫楼"推销工作。一连几周，他跑了数百家单位和私宅，却没有谈成一份业务。他满怀希望地敲门，赔着笑脸说明来意，却一次次地遭遇拒绝，甚至是"快走，别来打扰我"的不友好呵斥声。他看到和他一同入职的业务员小王都签下了订单，他开始怀疑自己是不是选错了行业，自己根本就不合适做销售工作……

【案例分享】

　　乔·吉拉德被誉为世界最伟大的销售人员。他连续 12 年荣登世界吉斯尼纪录大全世界销售第一的宝座，他所保持的世界汽车销售纪录——连续 12 年平均每天销售 6 辆车，至今无人能破。

　　让人难以置信的是，乔·吉拉德出生在美国密歇根州底特律市东部贫民窟，为了生存，他 9 岁就开始擦皮鞋、做报童，赚来的钱补贴家用。16 岁，他被高中学校开除，做了一名锅炉工。乔·吉拉德做过约 40 种不同的工作，但都被老板辞退，直到 35 岁破产那年，他被他的老板骗了，辛苦赚的十多年的钱全都没了，身负巨额债务，加上严重的口吃，使乔·吉拉德到了走投无路的境地。

　　乔·吉拉德决定重新审视自己，他鼓起勇气，迎接挑战，走进了一家汽车经销商店，对他们的经理说道："我需要一份工作。"

　　面试乔·吉拉德的汽车经销商店经理第一句话就是："你从事过汽车销售吗？"

　　乔·吉拉德如实回答道："没有！"

　　经理说："太可笑了，我们怎么会雇一个连车都没有卖过的家伙当推销员呢！"

　　乔·吉拉德告诉经理："虽然我没有卖过汽车，但是我销售过报纸、鞋油、房屋、食品……"

　　还没等乔·吉拉德说完，经理就打断了他的话："你从来没有销售过汽车，也没有这方面的经验，而我们需要的是一个有经验的销售员，况且现在是冬天，处在汽车销售淡季，如果我雇用你，你卖不出汽车，公司是不会允许我这样做的。"

乔·吉拉德自信地告诉经理："如果您不雇用我，您将犯下一生中最大的错误。我不需要暖气房间，只需要给我一部电话、一张桌子，我不会让任何一个跨进门来的客人空手走出这个大门。相信我，给我两个月的时间，我会打破目前最佳销售员的纪录，成为这里最出色的推销员。"

乔·吉拉德就这样自信地开始了人生的另一次挑战。两个月后，他以每天 6 辆汽车的销售纪录打破了原来每周售出 5 辆汽车的平均纪录。

【案例剖析】乔·吉拉德的成功之路并非平坦开阔，他在步入汽车推销道路上的成功完全凭借自己十足的自信。推销工作是一个推销员用自信创造销售业绩的职业。推销产品的过程就是信心的传递和信念的转移，即用自己对产品或者服务的信心来影响客户的选择。大多数企业招聘销售人员的标准就有自信这一条，甚至有的企业还打出了"缺乏自信者勿扰"的醒目标记。所以要想在推销领域走得长远，自信是不可或缺的心理素质之一。

【知识点拨】

俗话说："良好的心态，是成功的一半。"推销员是勇敢者的职业，每天要面对各种各样的顾客，每天都会遭到拒绝，甚至可能会一无所获。因此，做推销员必须要有过硬的心理素质，无论脚下是坎坷还是平坦，心态永远都是朝阳的，无论何时，带给客户的也永远是鼓励和积极。

好心态一：相信自己，终会成功

> 你必须相信自己，因为如果连你自己都不相信自己，没有人会相信你。要让自己攀上人生的高峰，强烈的自信是不可或缺的。
>
> ——乔·吉拉德

自信是什么？自信就是发自内心的自我肯定和相信，是一种积极的心态，是获取销售成功的最重要精神力量。推销人员要相信自己终会成功，只有自己相信自己，客户才会相信你。

很多刚进入推销行业的新人在面对客户时总是缺乏自信，他们通常有以下表现：

- 不敢和客户的目光对视
- 紧张、冷场，不知道怎样和客户沟通
- 总是说错话，常引起客户的反感
- 在一次次遭到客户的拒绝后，开始怀疑自己的能力
- 看到其他推销员取得好的业绩，觉得自己与其差距很大
- 总是拿自己的缺点同别人的优点相比

自信需要把握一个度，过于自信就是自以为是，过于缺乏自信则是自卑。自信是建立在实事求是的基础上的，是在推销过程中激励自己奋发进取，战胜自己，告别自卑，影响

客户，摆脱工作压力的一种心理素质。推销人员的自信包括对销售这个职业的自信、对自己的自信、对公司的自信和对产品的自信。那么，推销人员要怎样做才能获得自信呢？

（1）随时养成坐到前面的习惯。任何集会的时候，后面的座位都会先坐满。这个现象相信你也亲自体验过。大部分人喜欢坐在后面，或许是因为不愿意太显眼，可要知道，这种态度却使他自己显得畏缩不前，在别人看来，这就是消极成性，热忱不足。如果养成自动坐到前面的习惯，这个态度就会带给你热忱与自信。

（2）养成凝视着对方交谈的习惯。凝视对方，等于告诉对方：我是正直的人，对您绝不隐瞒任何事。我对您说的话，是我打心底里相信的事。我没有任何恐惧感，我对自己充满了信心。

（3）走的速度比别人快20%。以比别人快20%的速度走，到底代表了什么？心理学家说，一个人改变动作的速度，就能把自己的态度从根本上改变。走路比一般人略快的人，等于告诉所有的人说："我正要赶到有要事待办的地方。我必须去做很重要的事，不仅如此，我要在到达之后15分钟内，把那件事办成功。"

（4）练习当众发言。不自信的人往往不敢接受旁人的注视和当众发言，怕自己会讲错话因而紧张，通过练习当众发言可以有效地克服不自信。

（5）大方、开朗地微笑。不要对生活感到失望，更不要讨厌或轻视自己，时常给自己一些笑脸，微笑能够让自己感受到自己积极、美好、阳光的一面并逐渐自信起来。当你微笑时一定要大方、开朗到露齿，才能吸引对方，使对方产生好感。

（6）积极的自我暗示。潜意识具有无穷的力量，可以推动着人们去做某些事情，推销人员可以不断地告诉自己的潜意识，自己很优秀，经常对自己说"我能行""我是最好的"，即使遇到了失败，也要对自己大声地说"下次我一定能做好"，还可以在办公桌、床头等显眼位置贴一些激励自己的话语，以此来增强自己的自信心。

（7）注意仪容仪表。好的仪容仪表和精神面貌能够赢得客户的称赞，同时也能让自己对自己的感觉更好，从而更加地自信。

（8）结交积极自信的人。积极、自信的心态是可以感染、传递的，推销人员要多和业绩好、积极、乐观、自信的业务员为伍，这样可以增强自己的自信心，促使自己摆正心态。

> 推销就是初次遇到拒绝后的坚持不懈。
>
> ——世界寿险首席推销员齐藤竹之助

好心态二：坚持到底，没有人能随随便便成功

在推销行业里有一个"黑色90天"的说法，说的是一般新的推销员很难挨过90天这个坎，很多人都在刚入行的前三个月就放弃了。为什么会这样呢？原因有多方面，一方面是做推销必须要有一个周期积累，另一方面做推销不是那么简单就容易成功的事情，尤其是当今社会，人们对推销已经有很强的免疫功能，加上干推销主要靠提成、奖金吃饭，经济生活压力大，有些人会坚持不住而选择放弃。

马云说过："今天是残酷的，明天更残酷，后天是美好的。"任何事情都不可能刚起步就成功，或者说就见到效果。按照事情的发展规律行事，与事情的节奏相吻合，你会发现一个相当奇妙和令人惋惜的现象：订单死在明天晚上的数不胜数。很多推销员在白白忙活了大半年的时间后，快要到达收获的时节，他却没有坚持住，只看到自己一而再，再而三被拒绝，被眼前暂时的困难所击败，陷入一个"起步—失败—再起步—再失败—"的恶性循环，永远无法达到收获成功的那一天。

多一份坚持，就多一份希望，就可能多一个订单，多一份业绩。做推销最重要的品格是坚持。优秀的推销员都是敢于坚持的人。

【小故事】在这里分享一位以极大的坚韧一天访问 13 次最终成交的推销员的故事。有一天，一位推销员向某公司的总务处处长推销复印机，这位总务处处长同往常应付其他推销员一样地回答说："我考虑看看。"这位推销员是一位老实人，听他这么说，就答道："谢谢您，那就请您想想看。"然后便离开了。当那位处长正松一口气时，他又来了，处长以为他忘了什么东西，但他却说道："您想好了没有？"然而他看到的是处长满脸吃惊的表情，于是他说："那我过一会儿再来。"

大约经过 30 分钟，"您大概已经——"处长仍是一脸的困惑，这位推销员又说道，"我再来。"

他又来了，处长心想："我该以何种表情面对他呢？"虽然他以自己及这位推销员都承认的可怕眼神瞪了一眼这位推销员，但他的心里却越来越不安："那个家伙会不会再来呢？"当处长正想时，这位推销员又出现了，"您已经考虑——对不起，我再来。"处长的情绪愈来愈恶劣，但是这位推销员的波浪式攻击仍持续不断，到黄昏时，他已是第 13 次来访了，处长终于疲惫不堪地告诉他："我买。"推销员问："处长先生，您为什么决定要买呢？""遇到你这种工作热心和有着不合常理的厚脸皮的人，我只好认了。"

鼓起勇气，再试一次，也许这次你就能成功。

好心态三：习惯面对拒绝，视"被拒绝"为一种享受和学习

> 从事推销活动的人可以说是与拒绝打交道的人，战胜拒绝的人，才是推销成功的人。
>
> ——日本推销之神原一平

推销本来就是从被拒绝开始的！在推销的过程中，客户经常会向前来推销产品或者服务的人表示拒绝，有时甚至会用千篇一律的理由打发所有的推销员。一个推销员一生中会听到超过 11.6 万次拒绝，作为推销员，需要做的是将这当中的 500 次拒绝变成成交。而把拒绝变成成交的过程，就是不断面对拒绝的过程。如何使自己不要像其他推销员那样因为遭到拒绝而改变目标，主要取决于推销员对待拒绝的态度。

习惯被拒绝，甚至把被拒绝当作一种享受、一种学习是优秀的、成功的推销员必备的良好心态。

【小故事】卡尔森是一家阀门销售公司的推销员，一天，他在吃中午饭时拦住一家糖果厂的总机械师，表示下午两点要去拜访他。

这家糖果厂已经使用另一个牌子的阀门 25 年了。卡尔森试图把自己公司的阀门推销给对方的困难可想而知。

两点刚过，卡尔森就走进了糖果厂总机械师的办公室。总机械师慢慢抬起头，用愤怒的目光瞪了一眼卡尔森。

卡尔森没有理会对方的目光，他开门见山地问："您现在用的阀门是否经常出现泄漏事故？"总机械师却答非所问："买阀门不关我的事，你去找总工程师吧！"

卡尔森当作没听到，他继续问："你们糖果厂什么设备的阀门最多？""焦糖蒸汽罐上的，"随即总机械师不忘强调，"但是我无权购买任何阀门。"

卡尔森并不理会，他摆出自己带来的阀门样品，他一边拿起一个阀门让总机械师看，一边介绍："由于这个阀门在特硬底座和堵盘之间垫的是修剪好的薄钢片，因而可以做到绝对密封。"卡尔森继续询问总机械师，"你们的焦糖蒸汽罐上使用的是多大尺寸的阀门？""1.9 厘米，但我已经告诉你了，我什么阀门也不要。"总机械师不满地说。

卡尔森根本不听他的话，继续说："您只要写一张请购单，说需要试用一只 1.9 厘米的我们公司的实心阀门，让您烦恼的阀门泄漏问题就可以得到解决了。难道您不想快点解决问题吗？我会在这里等着您的。"

总机械师最终同意了。

卡尔森做到了他们公司推销员 25 年未曾做到的事情，原因是当客户表示拒绝时，他的耳朵都会故意"堵上"，不受影响，继续推销产品，直到达成目标。当推销人员能把被拒绝当作一种常态，甚至是一种学习，相信他离成功不会远。

好心态四：对产品和销售永远保持足够的热忱

> 一个能力平平却有着热忱的人，往往能超越一个能力很强却毫无热忱的人。如果你充满热忱，就将它广为散播。
>
> ——乔·吉拉德

热忱是成功销售的一个重要因素，也是所有推销员必备的核心精神。在产品日趋同质化，同行竞争不断加剧的情况下，热忱在成功的推销中所发挥的作用远远超出了推销员对产品知识的了解和掌握。那些优秀的推销员在任何时候、任何情况下都能对自己的公司以及产品充满热情，以至于他们在推销的过程中能够自然地展现出对公司以及对公司产品的自信，向客户传递对产品的积极态度，从而更加坚定客户的购买决心。倘若一个推销人员丧失了工作热忱，那么他在向客户推介产品时，他会缺乏热情，表情冷淡，给客户难以接近、难以信任的感觉，这样又怎么会赢得客户的订单呢？

热忱具有动力的特质，可以锻炼出来。乔·吉拉德认为只要稍加训练，就可以让自己充满热忱，并将热忱植入你的人格之中。推销人员应该怎样培养自己的热忱呢？具体如图 2-1 所示：

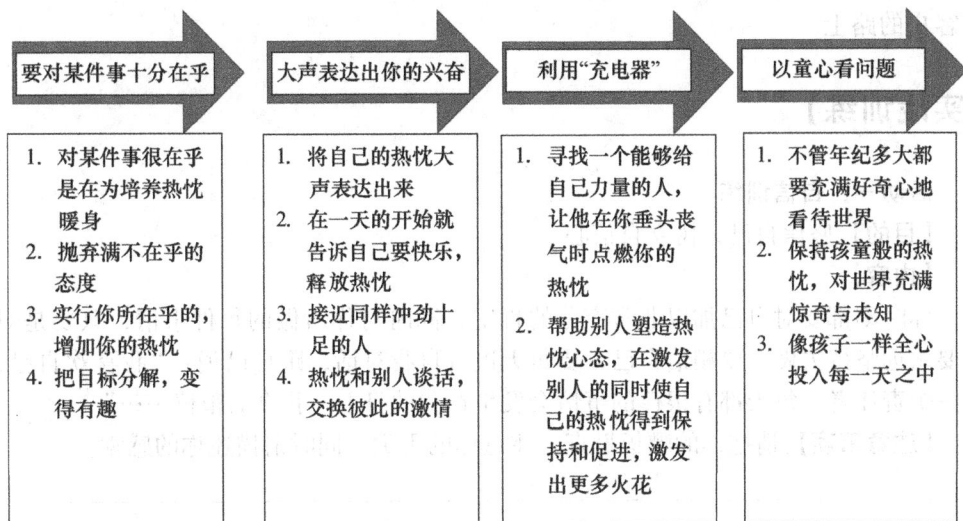

图 2 - 1　培养热忱的四个步骤

推销人员要想在工作中具有延绵不断的工作热情，除了学会培养还要知道如何延续自己的热忱，可以通过以下四个途径来延续自己的工作热情，具体如图 2 - 2 所示：

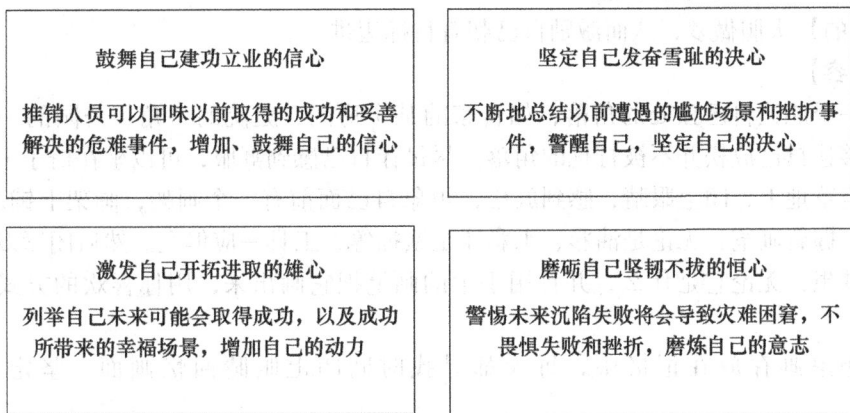

图 2 - 2　增强心理建设延续工作热情的四个途径

【任务实施】

部门经理看出了小西心态的波动，他及时找到小西谈话并带着小西走访了公司几位业绩出众的资深业务员。通过了解，小西这才发现原来这些业务高手在刚入行时也和他一样，有过碰壁的惨痛经历，也有过彷徨与犹豫，甚至想打退堂鼓，就此放弃，但通过重新审视自我，调整和转变心态，他们坚持下来，度过了噩梦般的"黑色 90 天"并慢慢打破了推销僵局。小西决定要以他们为学习的榜样和前进的动力，他不再怀疑自己及自己的能力，他开始鼓起迎接挑战的勇气，面带微笑地走在了拜访客户的路上。

【实战训练】

活动一：自信训练

【目的】坚信自己，树立自信心

【内容】

你时刻都要对自己加以非常充分的肯定，同时对你所做的每件事情，只要是对的，就要永远坚持去做。要相信自己，要每天进行自我对话，跟自己说："我喜欢自己，我是一个责任者，每天都有很棒的事情会发生在我的身上。我真的很棒……"

【注意事项】请把你的腰板挺直，注意你的舌尖，同时请描述你的感觉。

_____

_____

_____

_____

活动二：绘出心中的梦想

【目的】大胆做梦，从而激励自己朝着目标迈进

【内容】

找一个能让自己独处的角落，如自家的某个房间、庭院的一角、公园的一处草坪等，能够让自己放松并不被打扰的角落。尽量让自己感到舒服，可以坐在椅子上、地板上，甚至草地上，闭上眼睛，感到放松，想象自己面前有一个画架，画架上铺着画布，自己手上握着画笔，无论是油彩、水彩还是素描等，工具一应俱全。然后闭紧双眼，想象你的梦想，无论它是什么，并且用手中的画笔把它画出来，用你喜欢的方式，从头画起。

将想象画存放在记忆中，每天都寻找时间闭上眼睛回忆画面，坚定自己的梦想。

【注意事项】绘画时请突出正面形象，画面中不能存在任何的负面形象，在构想自己的梦想时不能想万一不能实现怎么办。同时勇于实践，一定要确定这是可以实现的目标，而不是不切实际的幻想。

_____

_____

_____

活动三：自测题

测试题目	选择项目	答案	得分
1. 在向别人推荐自己时，你能底气十足地进行介绍自己吗？	A. 从来不会 B. 偶尔会 C. 经常会 D. 每次都会		
2. 如果你遭到了别人的拒绝，你会立即放弃吗？	A. 当然会 B. 偶尔会 C. 看情况 D. 从来不会		
3. 在与他人交谈时，你是否敢于直视他人的眼睛？	A. 从来不会 B. 有时会 C. 一般都会看看 D. 总是能注视		
4. 在没有取得好的结果时，你是否经常将原因归于自己缺乏能力？	A. 从来都是 B. 几乎都是 C. 一般如此 D. 从来不会		

　　积分规则：答 A 得 0 分，答 B 得 3 分，答 C 得 5 分，答 D 得 10 分。4 道题目分数汇总相加，为最后得分。

　　参考解析：如果你得了 0～10 分，表明你对自己有一点自信，相信自己，有着较明确的定位；如果你得了 10～20 分，表明你比较有自信，在遭到拒绝时能以积极的心态面对，遇到挑战时同样能够寻找解决方法；如果你得了 20～30 分，表明你对自己有准确的定位，敢于不断挑战自我，不轻言放弃；如果你得了 30～40 分，表明你对自己有超强的自信，相信经过努力，一定能够获得成功。

【理论练习】

　　一、填空题

　　1. 卖产品之前先把_____推销出去。

　　2. 推销人员的自信包括_____、_____、_____和_____。

　　3. 优秀的推销员应当具备的好心态包括_____、_____、_____和_____。

　　二、单选题

　　1. （　　）是发自内心的自我肯定，是一种积极的心态，是取得推销成功的重要精神力量。

　　A. 自信　　　　　　B. 勇敢　　　　　　C. 坚持　　　　　　D. 热忱

　　2. 培养热忱的第一步是（　　）。

　　A. 对某件事十分在乎　　　　　　　　B. 大声表达出你的兴奋

C. 利用"充电器"　　　　　　　　　D. 以童心看问题

三、多选题

1. 下面哪些方法可以让你获得自信？（　　　）

A. 走路步伐快点　　　　　　　　　B. 主动发言

C. 积极心理暗示　　　　　　　　　D. 永远选择坐在前排

2. 下面哪些是缺乏自信的表现？（　　　）

A. 不敢和客户目光对视　　　　　　B. 总是怕说错话

C. 遭到拒绝后开始怀疑自己　　　　D. 总是拿自己的缺点和别人的优点比

四、判断题

1. 没有自信，就没有成交。（　　）

2. 做推销最重要的素质是坚持。（　　）

3. 推销员遭受拒绝的次数越多，获得成功的可能性就越小。（　　）

4. 推销员对推销工作和产品的热情度，很大程度上影响了客户购买的判断。（　　）

五、简答题

1. 每个推销人员本身都具有能力和力量去做自己快乐和成功的事情，充分挖掘自己内心的宝藏，让内心充满美好的认知，检测自己是否时常心怀美好面对推销工作：以爱的力量做推销工作、能够控制情绪、乐于助人、视时间为金钱、珍惜每次机会……

请写出自己的积极能量：

请写出自己有待改进的地方：

2. 列举你由于积极的心态而在学习生活中取得成功的例子。

3. 请对照世界 500 强优秀推销员标准自省

宝马集团对心理素质强的销售人员评价标准

（1）生活目标切合实际。

（2）充分地了解和认识自己，并对自己的能力做出适度的评价。

（3）不脱离现实环境。

（4）具有充分的适应力。

（5）善于从生活、经验中学习。

（6）能很好地控制自己的情绪和发泄情绪。

（7）能保持人格的完整与和谐。

微软公司对自信的销售人员评价标准

（1）在人群及公共场合中，能够大方自如地展示真实的自己。

（2）勇于面对自己的恐惧，承受恐惧。

（3）只允许那些积极的想法在脑海中存在。

（4）清楚自己的优势所在，并相信这是自己的财富。

（5）勇于拒绝，敢于说"不"。

（6）能够坦然接受别人的赞扬，眼睛敢于与人直视。

（7）能够坦然自如地运用各种身体语言。

（8）习惯用坚定、果断、热情的语气说话。

（9）不自我贬低，不说不利于自己和他人的话，不会过分地谦虚。

（10）不狂妄自吹，不贬低他人，不像怨妇般抱怨生活中的一切。

三星集团对有毅力能坚持的销售人员评价标准

1. 对任何事情有信念，不达目的不罢休。

2. 有主见，能坚持自己的想法。

3. 积极面对生活，以乐观的心态看世界。

4. 不怕困难、挫折，有勇气迎接并处理。

5. 不急于求成，有耐心。

6. 无论生活还是工作，都有计划，不会杂乱无章。

7. 相信自己的能力。

任务评价

序号	评价标准	分值（100分）	得分
	小组评价	共40分	
1	出勤情况	5	
2	态度与纪律情况	5	
3	参与讨论情况	10	
4	小组展示情况	10	
5	团队合作情况	10	
	个人评价	共60分	
6	能正确地认识自我	15	
7	能控制自己的情绪	15	
8	有积极、乐观的心态	15	
9	善于从生活、经验中学习	15	
	合计		

任务三　形象与礼仪准备

【学习目标】

1. 明白推销人员的形象与礼仪在推销工作中的重要性。
2. 知道推销人员仪容、仪表、仪态礼仪的基本要求。
3. 能正确进行仪容、仪表、仪态准备。
4. 培养成功的气质与风度，塑造最佳个人形象，增强与顾客的亲和力。

【任务描述】

　　小刘是一家保险公司的推销员。自从进入保险公司，他就开始了从各种途径寻找客户资源、打电话约见客户的工作，但经常一天打了一百多个电话都没法约到客户，客户总是以忙啊、没需要、不想买保险等理由把小刘打发掉。经过了一个多月的电话约访训练，小刘终于成功地约到了一位客户，他们约定明天下午两点钟在某个有名的咖啡厅见面，小刘既兴奋又紧张，他第一次约见客户，不知道穿什么衣服，如何打扮自己，也害怕自己不懂得礼仪而得罪客户。小刘应该如何做好形象和礼仪准备呢？

【案例分享】

　　班·费德文是美国保险界的传奇人物，被誉为世界上最有创意的推销员。刚入行搞推销时，班·费德文的着装打扮非常不得体，他的业绩也很不好，公司打算开除他。班·费德文急了，就去问公司里一位成功人士，那位成功人士说："那是因为你头发修得不像个推销员，你衣服搭配也不协调，颜色看上去非常旧。要有好的业绩，首先要把自己打扮成一位优秀推销员的样子。""可你知道我根本打扮不起！"班·费德文说。"但你要了解那是在帮你赚钱，你不会多花一分钱的。我建议你去找一个专营男装的老板，他会明白地告诉你如何打扮。你这么做又省时间又省钱，干吗不去呢？这样更容易赢得别人的信任，赚钱也就更容易了。"

　　班·费德文于是马上去一家高级美发厅，特别理了个适合推销员的发型。然后又去了那位朋友所说的男装店，请服装师帮他打扮一下。服装师认认真真地教班·费德文挑选西服，以及如何选择与之相搭配的衬衫、袜子、领带等。他每挑一样，就解说为什么要挑选这种颜色、样式，还特别送班·费德文一本如何打扮的书。不仅如此，他又对班·费德文讲解一年中什么时候买什么样的衣服，买哪种衣服最划算。

　　从此，班·费德文焕然一新，他的穿着打扮有了专业推销员的样子，他推销起来也更有自信了，他的业绩增加了几倍。

【案例剖析】在推销道路上的成功不完全凭借口才，推销产品前其实要推销自己，只有给顾客留下良好的第一印象，顾客才愿意听你的。因此，推销人员首先要学会形象和礼仪知识，把自己推销给顾客，才能推销产品。

【知识点拨】

> 当您看到包装拙劣的商品时，您一定会贬低其中商品的价值，人也一样。
>
> ——乔·吉拉德
>
> 你给客户的第一印象95%是由穿着打扮而来的，这是因为大部分的时间里，衣着遮蔽了身体的95%。
>
> ——博恩·崔西

礼仪是人们在社交活动中所形成的行为规范和准则。礼仪二字作何解？礼是礼节，仪是仪容、仪表、仪态。礼仪代表一个人的形象。没有礼仪，一个人就不受欢迎。

一、推销人员的仪容礼仪

仪容是指人的容貌，是仪表的重要组成部分。它由发式、面容以及人体所有未被服饰遮掩的肌肤（手、颈部）等内容所构成。仪容在人的仪表美中占有举足轻重的地位。

（一）推销人员仪容基本要求

（1）整洁。这是推销人员仪容的首要标准，要经常保持面部及身体各个部位的整洁、卫生。皮肤要干净，经常洗脸、梳头、理发、修剪指甲、鼻毛等。

（2）自然。所谓自然，就是艳而不俗，淡而不灰，柔和顺眼。

（3）协调。仪容要有整体感，整体形象协调统一方为美。

（4）与环境气氛统一。不同的环境有不同的色泽、光线条件和社交气氛，因而人与环境处于一体，应以与环境相容为宜。

（二）推销人员仪容具体内容

1. 头发

（1）头发的基本要求是整洁、保守。头发要勤洗，使之一直处于清洁的状态，同时庄重大方、干练精神、秀美。女士的头发要求：关注发型和长短问题，怪异新潮的发型不宜，过分夸张不自然的染发不宜，大型花哨的发饰不宜。男士的头发要求：头发长度以6厘米左右为佳，即前面不超过额头，后面不超过衣领。

（2）发型的选择。发型要时尚、大方、得体，不要标新立异。女性发型应与脸形相配，与发质相配，与体型相配，与年龄相配，与职业相配，与服饰相配。同时注意发饰要朴实。男性发型的选择长度以5~6厘米为佳，最长不能两侧掩耳、前过额头、后及领口，应体现出阳刚之气。

2. 面部

（1）胡须。男士胡子不能太长，应经常修剪。女士长出类似胡须的汗毛，应及时清除。

（2）鼻毛。鼻腔要随时保持干净，不要让鼻涕或别的东西充塞鼻孔，经常修剪一下长到鼻孔外的鼻毛，严禁鼻毛外现。

（3）口腔。牙齿洁白，口无异味，是对口腔的基本要求。要坚持每天早、中、晚三次刷牙。另外，在会见顾客之前禁止食用蒜、葱、韭菜、腐乳等让口腔发出刺鼻气味的东西。

（4）面部皮肤。注意皮肤的护理和保养。护理大致分五步：洁肤、爽肤、敷面膜、润肤、保护。女性推销人员化工作妆基本要求为淡雅、清新、自然。化妆的浓淡要视时间、场合而定。不要在他人面前化妆，不要非议他人的妆容，不要借用他人的化妆品。

3. 手部

手部护理要求：（1）随时清洗自己的手，不使用醒目甲彩。（2）指甲要及时修剪，不蓄长指甲，保持整齐干净。（3）指甲的修饰要与身份、年龄相配。（4）在公众场合不要修剪。

二、推销人员的仪表礼仪

仪表是指人的外表，一般包括人的容貌、服饰和姿态等。得体的衣着对于推销员来说，相当于一个赏心悦目的标签对于商品的作用。

【小故事】佩恩是一家知名公司的业务员，由于他们的产品质量优良、品牌知名，所以销售业绩十分不错。一天，他打电话约见一位客户，对方一听是××公司的员工，就表示感兴趣，直接答应了约见请求。由于时间紧迫，佩恩没有多余时间注意自己的着装，他随便穿了件衣服就赶紧赴约了。

当客户开门把佩恩迎进办公室后，目光就紧盯在佩恩身上。佩恩穿了套皱巴巴的浅色旧西装，里面套着羊毛衫，还不伦不类地打着一条领带。而且这条领带飘在羊毛衫的外面，雪白的领带上似乎还沾上了一些油污。等客户低头看时，又看到佩恩满是泥土的黑皮鞋。

佩恩似乎被看得有些不好意思，他抱歉地说道："对不起，由于来得匆忙，没有来得及好好整理。我是××公司的佩恩，这是我的名片。"当佩恩递给客户名片时，客户并没有伸手接过。接下来，为了不让气氛冷场，佩恩介绍起产品，但是客户却没有听佩恩的介绍，在佩恩介绍到一半时，客户就表示很忙离开了办公室，完全没有了在电话中的热情。

（一）推销人员着装基本要求

推销员的着装不仅应符合所在行业的特点，也应与客户会面的时间、地点以及目的相适应。具体来说，推销中的得体着装需要注意的事项主要有：

（1）穿着规范。规范的着装不仅体现了推销员自身的素养，同时也是对客户尊重的表现。服装保持整洁，并熨烫平整，能留给客户衣冠楚楚、庄重大方的感觉。鞋面擦拭光亮，没有明显的泥污、破损，这样的着装才是规范。

（2）符合身份和场合。推销人员应根据自身的职业特点、气质、年龄、职位及场合特点等因素来合理着装，恰到好处地展示自己的形象。按照推销员的出席场合，着装一般分为三类，即工作装、社交装和休闲装。在公务场合，男性推销员一般需穿质地较好的西服，搭配配套的领带；女性推销员则应选择职业套装。在社交场合，虽然要求正式，但不必过于正规，穿时装、礼服比较好。在休闲场合，推销员可以穿得随意点，着装舒适、自然就可以了。

（3）双方反差不要过大。推销员的衣着是否得体，还要取决于要拜访的客户的穿着风格。如果交谈双方差距过大，一方面会转移客户注意力，影响客户对产品的印象；另一方面容易引起客户的反感，给客户一种炫耀或不是同一类人的感觉。所以，推销员在穿戴服装时，还应将客户的年龄、收入、兴趣、习俗等考虑进去。

（二）女性推销员着装具体要求

（1）正装：西装套裙。其他职业装：连衣裙、两件套裙、西服套装。

（2）鞋袜要求：3~6厘米中跟皮鞋，黑色、白色最为普遍。颜色与裙摆一致或稍深。皮鞋不要钉铁掌。穿裙装要配高筒袜或连裤袜，裙子与袜子之间不能露出腿。颜色以肉色为好。不要穿黑网眼袜或花图案丝袜。

（3）丝巾佩戴要求：与服装协调，与体型协调，与肤色协调。

（4）手提包使用要求：款式为手挽式、肩背式；必备三种包，上班用皮包、中等大小包、小巧的手袋；与服装颜色相配；包内随时带备用丝袜。

（5）首饰的佩戴原则：不要标新立异，要符合身份；不要戴粗制滥造之物；讲究同质同色；注意简洁和谐，以少为佳，不超过三件；符合习俗；扬长避短。

项链佩戴要求：不同质地的项链可显示不同的艺术效果，金银项链富贵，珍珠项链清雅，钻石项链华贵，景泰蓝项链古朴，玛瑙项链柔美，象牙项链高洁，贝壳项链自然，玻璃项链活泼，骨质项链典雅。不同形状的项链挂件显示不同的风格和个性，星形富于幻想，三角形活泼，椭圆形稳重。项链的佩戴要与脖子相配。

耳环的佩戴要求：耳环要与脸型相配；要与肤色相配；要与衣服相配。

（三）男性推销员着装具体要求

1. 正装（西装）的穿着要求

（1）西装领子应紧贴衬衫领口低于衬衫领口1~2厘米。

（2）上衣的长度宜于垂下手臂时与虎口相平，袖长至手腕，衬衫袖口露出1~2厘米。

（3）裤长盖住皮鞋。

（4）在正式场合应穿西装套装，颜色以深纯色为好，如黑、深蓝、深灰。

（5）西装内穿单色衬衫，以白色衬衫为佳，衬衫的下摆放在裤子里，系好袖扣和领扣。

（6）配好领带，正规穿法一般不加毛背心和毛衣。

（7）男士西装有两件套和三件套之分，有单排扣和双排扣之分，单排扣两件套适用公务场合，单排扣三件套适用于盛典，穿三件套在正式场合不能脱外衣，双排扣西装适用于社交场合。

（8）西装双排扣扣子要全部扣好，单排扣三颗扣扣中间一颗，两颗扣扣上面一颗或全部不扣。在正式场合一般要求扣上面一颗，坐下时解开。马甲六颗扣最下面一颗不扣，上面五颗扣全部扣。

（9）西装口袋不要装东西。上衣口袋不要插笔，可以放装饰手帕。

（10）单件西装可以不打领带，里面可以穿毛衣。

（11）西装一定要配深色皮鞋。

（12）西装穿着的程序：梳理头发→更换衬衫→更换西裤→穿着皮鞋→系领带→穿上装。

2. 领带穿戴要求

（1）领带长度：打好时，以尖端正好触及或盖住皮带扣。

（2）宽度与西装翻领的宽度协调。

（3）领带的选用应与着装协调。

（4）领带夹的位置：从上往下数衬衫的第三和第四颗扣子之间为好。

（5）正式场合不要戴有公司标记的领带。

3. 鞋袜穿着要求

（1）男士适合穿黑、深棕、深咖啡色皮鞋。

（2）袜子一般也是深色，袜筒高以坐下时不露出肌肤为好。

（3）袜子不要有破洞和异味。

4. 其他配件要求

（1）公文包：色彩与皮鞋的色彩一致。

（2）围巾：颜色以棕色、灰色、深蓝色、酱紫色为宜，进入室内一般把大衣、帽子、围巾和手套脱下。

（3）钱夹：以皮的为好，颜色以深棕、黑色为宜。

（4）钥匙串、手机：不要放在腰间和西服口袋里，放包里。

三、推销人员的仪态礼仪

（一）表情

微笑是最富吸引力的面部表情。一个总是微笑的推销员，客户当然喜欢同其打交道。微笑并不是简单的面部表情，而是体现了推销员整个人的精神面貌。

什么样的微笑才具有魅力？如图 3-1 所示。

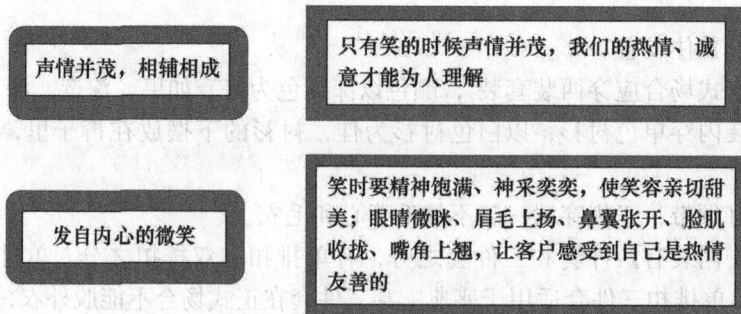

声情并茂，相辅相成	只有笑的时候声情并茂，我们的热情、诚意才能为人理解
发自内心的微笑	笑时要精神饱满、神采奕奕，使笑容亲切甜美；眼睛微眯、眉毛上扬、鼻翼张开、脸肌收拢、嘴角上翘，让客户感受到自己是热情友善的

图 3-1 有魅力的微笑

练习微笑并非简单的事情，如果每天对着镜子摆笑脸，是枯燥无味的。为了帮助推销员练就更生动、亲切的笑容，可以采用以表3-1中的训练方法。

表3-1 笑容训练方法

训练方法	详细做法
对镜微笑训练法	端坐在镜子前，以轻松愉悦的心情，调整呼吸至自然顺畅，然后静心3秒，开始微笑。双唇轻闭，嘴角微翘，面部肌肉舒展，同时注意眼神配合。可以播放节奏轻快的背景音乐，以达到更好的效果
模拟微笑训练法	轻合双唇，两手食指伸出，指尖对接，其余四指并拢，放在嘴前15～20厘米处，将两手食指以缓慢的速度分别向左右移动，使之拉开5～10厘米的距离，与此同时，嘴唇随着两手食指的移动同时加大唇角的展开度，并在意念中形成美丽的微笑且保持微笑停留数秒
情绪诱导法	通过寻求外界诱导、刺激，以引起情绪的愉悦和兴奋，从而唤起微笑。例如，回想过去的幸福生活、播放温馨的音乐、联想幸福的未来等
唤醒记忆法	将自己过去那些最愉快、喜欢的场景从记忆中唤醒，使这些情绪重新袭上心头，从而引发惬意的微笑
观摩欣赏法	可以几个人凑在一起，互相观摩，议论交流，鼓励，相互分享，开心微笑；也可以平时留意他人的微笑，将别人微笑的画面封存在记忆中，时时模仿
含箸法	日式练习法，也是商务礼仪中经常使用的练习方法。选用一根洁净、光滑的圆柱形筷子横放在嘴中，用牙轻轻咬住，然后对着镜子，试着摆出普通话"一"音的口型，认真观察微笑状态

练习微笑的方法很多，只要坚持练习，就能达成良好的效果。

（二）眼神

当推销员用炯炯有神的眼神注视客户的同时进行产品说明，其眼神中透射出的热情、专注等常能增强客户的信心，比单纯的口头说明更具说服力。正确的目光是自然地注视对方眉与鼻梁三角区。道别或握手时，则应该用目光注视着对方的眼睛。推销员应避免以下几种眼神（表3-2）：

表3-2 应避免的眼神

应避免的眼神	产生的效果
注视客户时间太短	让客户认为推销员对本次谈话没有兴趣
注视时间过长	让客户感到不自在
两眼空洞无神	让客户觉得推销员心不在焉，对其产生不值得信赖的负面印象
目光游移不定	客户通常会对游移不定的目光十分警惕，会拉大双方的心理距离，为良好的沟通设置障碍

（三）站姿

1. 标准站姿要求

（1）头正颈直，双目平视，嘴唇微闭，下颌微收，表情自然，精神饱满。

（2）双肩放平，稍向下沉，人体有向上的感觉。

（3）躯干挺直，挺胸、收腹、立腰。

（4）双腿靠拢，脚尖张开约60度，或者双脚与肩齐宽

（5）手势可以选择垂手站姿、前交手站姿、后交手站姿、单背手站姿。

（6）在站累时，脚可以后退半步，不过上体仍然要保持垂直，身体的重心需在两腿正中。

2. 不同情况下的站姿要求（表3-3）

表3-3　不同情况下的站姿要求

不同情况的分类	对应站姿
站立时	如果空着手，双手在体前交叉或右手放在左手上；如果有背包等物品，可利用物品摆出优雅姿势
与人谈话时	面向对方站立，并保持一定的距离，太远或太近都不礼貌。站立姿势要正，可以稍微弯腰，不过不能出现两腿分开距离过大、倚墙靠柱、手扶椅背等不雅姿态
做自我介绍时	无论握手还是鞠躬，双足应并立，且相距10厘米左右，同时膝盖挺直
等车等人时	两腿的位置可以一前一后，并保持45度角
推销员为女士时	主要站姿为前腹式，双腿基本并拢，脚位需要与穿戴的服装相适应
推销员为男士时	站姿要稳健，双脚叉开与肩同宽，可采取双手相握、叠放胸前式站姿，或者采用将双手背于身后并相握的后臂式站姿

（四）坐姿

1. 坐姿要求

（1）入座时要轻要稳。先走到座位前，再转身轻稳地坐下。正式场合一般是从椅子的左边入座。女子入座时，若是裙装，应用手将裙装稍拢一下。

（2）坐下后，嘴唇微闭，下颌微收，面容平和自然。

（3）双肩平正放松，两臂自然弯曲放在腿上，掌心向下。

（4）挺胸立腰，上体自然垂直。

（5）双膝自然并拢，双腿正放，垂直地面。

（6）坐在椅子上的位置至少坐满椅子的三分之二。

（7）离座时，要自然稳当，右脚向后收半步再站起来。

2. 坐姿的注意事项

（1）不要前倾后仰或歪歪扭扭，东摇西晃，不要斜靠在椅子上。

（2）两手不要交叉在胸前，不要摊开双臂趴在桌子上或放在臀下。

（3）双腿不要过于叉开，也不要长长地伸开。

（4）坐下后不要随意挪动椅子。

（5）脚不要不停地抖动。

（五）走姿

1. 正确的步态要点

（1）头正，双目向前平视，嘴唇微闭，下颌微收，面容平和自然。

（2）双肩平稳，手臂放松，手指自然弯曲，双臂前后自然摆动，摆幅以30~35度为宜。

（3）上身挺直，挺胸、收腹、立腰，重心稍前倾。

（4）两脚的内侧落地时行走成一条直线。

（5）步幅适当。一般是前脚跟与后脚尖相距为一脚长，即男性约40厘米，女性约

30 厘米。

（6）步速适中。男性每分钟约 108~110 步，女性每分钟 118~120 步。

2. 步行时的注意事项

（1）停步、拐弯、上下楼梯时要从容不迫，控制自如。

（2）在行走中，迎面来人，要放慢步伐，向来人微笑点头致意。

（3）在狭窄的通道，如遇尊者、贵宾、女士，应主动站立一旁，以手示意，让其先走。

（4）上下楼梯，如遇尊者、长者等，应主动将扶手一边让出。

（六）握手

1. 握手类型（表 3-4）

表 3-4 握手类型

握手的类型	动作描述	适用情况
平等式握手	右手握住客户的右手，并目视对方	这是礼节性的握手方式，一般适用于初次见面或者交往不深的客户
手扣手式握手	右手握住客户的右手，左手握住客户右手的手背	适用于熟悉的客户，会让人感到自己的热情、真诚
拍肩式握手	右手与客户的右手相握，左手则移向客户的肩部	适用于情投意合或者感情十分亲密的双方之间

2. 握手时机（表 3-5）

表 3-5 握手时机

适合握手的时机	不适合握手的情况
被客户介绍给别人时	客户所在的国家或地区没有握手习惯
遇到久未谋面的客户时	与客户经常见面，没有特殊事情发生的情况下
在比较正式的场合与客户道别时	客户携带重物或者忙于其他事情，不方便握手的情况下
作为东道主迎送客户时	客户手部患有疾病的情况下
感谢老客户的支持和帮助时	
向客户表达自己的恭贺时	
对客户表示理解、支持和肯定时	

3. 握手时伸手先后顺序

（1）职位、身份高者同职位、身份低者握手时，应由职位、身份高者主动伸手。

（2）女士同男士握手时，应由女士首先伸出手来。

（3）已婚者同未婚者握手时，应由已婚者先伸出手来。

（4）年长者同年幼者握手时，应由年长者先伸出手来。

（5）长辈与晚辈握手时，应由长辈先伸出手来。

（6）社交场合的先至者与后来者握手时，应由先至者先伸出手来。

（7）作为主人，应先伸出手来，与来访客户握手。

（8）作为客人告辞时，应先伸出手来与主人相握。

总之，伸手的顺序应遵循"三原则"：长者优先、女士优先、职位高者优先。

4. 握手注意事项

（1）手位：掌心向上，表示谦恭、谨慎，称之为友善式握手；掌心向下，表示自我感觉甚佳，自高自大，称之为控制式握手。

（2）神态：握手时神态应专注、友好、自然。握手漫不经心，迟迟不肯握住别人伸出来的手，或者一边握手一边东张西望，甚至忙于同别人打招呼，都是错误的做法。

（3）姿势：向客户行握手礼时，为了表示礼貌，应起身站立。握手双方最佳距离为1米左右。最好的做法是双方将要相握的手由侧下方伸出，伸直相握后形成一个直角。

5. 握手谨记事项（表3-6）

表3-6　握手谨记事项

序号	握手礼仪应谨记以下事项
1	不用左手与客户握手
2	握手不争先恐后，应按照握手顺序依次而行
3	握手时不戴手套、墨镜等
4	在握手时另一只手不应插在口袋或拿着、提着东西
5	握手时不应无表情，或者不置一词
6	握手时不应点头哈腰、长篇大论，表现过分客套
7	不要在握手时只握住对方的指尖，即使是异性，也要握住整个手掌
8	握手时不要上下、左右不停抖动
9	握手时手部不能脏污、汗湿
10	不论在任何时候，都不应拒绝与他人握手，不可多人同时交叉握手

四、推销人员礼节礼仪

（一）推销人员的语言礼节

【小故事】小南是一位楼盘销售员。这天，一位戴着眼镜的中年男士来到售楼处。转了一圈，他询问小南："请问你们这里有什么户型？"听到客户的询问，小南懒洋洋地回答："那不是有户型介绍单，你先看看吧！"

客户听后，自己看了起来。又过了一会儿，客户再次询问："你们楼盘之间的距离有多大？如果购买底层会不会被高层遮挡阳光呀？"小南听到客户的询问，朝客户看了一眼，随即慢慢地走到沙盘处，对客户说："你看看这个沙盘模型就知道了。"客户认真地看了一会儿沙盘模型，然后指着一个户型问："如果买3号楼4层的户型，多少钱一平方米？"小南翻了翻手中的户型价格表，回答："由于是新开盘，该户型的价格相对便宜点，每平方米18780元。"客户听后沉默了一会儿，很快，他又试探着询问小南："这是最低价格吗？还能优惠吗？"小南告诉客户："已经是最低价了。""可是对我来说有点贵。""那就没办法了，你只能去看别的楼盘了，我们这里可没有每平方米低于17000元的。"

作为推销员，语言礼仪是极其重要的一部分。我们要用高素质的谈吐赢得客户的尊重，激发客户的谈话兴趣，增加成交的概率。那么，推销员如何才能体现出高素质的谈吐呢？可以遵循以下几个原则：

原则一：使用礼貌用语（表 3 –7）

表 3 –7　常用礼貌用语

礼貌用语分类	常见的详细话术
迎宾用语	您好，请问有什么可以帮到您的吗？ 请进，欢迎光临！
友好询问用语	请问您怎么称呼？ 请问您是自己使用，还是帮别人购买？ 我们公司最近新推出了一款产品，可以向您简单介绍一下吗？
招待介绍用语	这是我们的产品介绍单，您可以先喝点水，慢慢看。 您有什么不明白的地方，可以随时问我。
道歉用语	对不起，我没听明白您刚才说的话。 请您稍等，我为您查看一下。 麻烦您了。 打扰您了。 真的非常抱歉。 不好意思。
恭维赞美用语	我们这款产品是专门针对您这样的成功人士设计的。 小姐，您的眼光真好。 您的小孩真机灵。
送客道别用语	请您慢走，欢迎下次惠顾。 如果您回去有什么不明白的地方，可以随时联系我。 您不用担心，买不买都没关系，能交到您这样的朋友我已经很高兴了。

原则二：采用令人舒适的表达方式

（1）不说批评性话语。

（2）不说夸大不实的话语。

（3）杜绝主观性的议题。

（4）少用专业性术语。

（5）禁用攻击性话语。

（6）避谈隐私性话语。

（7）少用质疑性询问。

（8）变通枯燥性话题。

（9）回避不雅之言。

原则三：注意说话的分寸

（1）当客户谈到兴浓时，认真听，不与客户抢话，不直接反驳客户。

（2）对于不知道的事情，不可乱发意见，以免给客户造成不专业、夸夸其谈的印象。

（3）不在客户面前谈论他人的重要隐私和缺陷，否则会失去客户的信任。

（4）避免谈论容易引发争议的话题，以免转移客户的注意力，影响推销进程。

（5）避免使用低级趣味的例子和故事，以免降低自身的品位和修养，影响推销形象。

原则四：让幽默产生影响力

在推销中适时运用幽默，可以巧妙摆脱尴尬、冷场的局面，对推销起到推动作用。推销员如何运用幽默呢？

（1）诙谐适度。适当开一些玩笑，不过应注意把握分寸，不宜过头。

（2）巧用反话。在一些场合，可以站在顾客的立场上正话反说。

（3）善用夸张。根据产品的特点，巧妙运用夸张，从而激发客户的购买欲望。

（4）反差对比。将两种毫不相关的观念或者事物放在一起，以形成强烈的反差。

（二）推销人员的举止礼节

【小故事】小周是一家体育器材公司的推销员。这天，他约见了一家正在四处寻找物美价廉体育器材的公司。小周穿着黑色的西装、白色衬衫，看上去讲究得体。

在小周进行简单介绍后，对方表示十分满意并示意小周坐下来详谈。小周看到客户这么热情主动，便胸有成竹起来。于是他坐了下来，跷起了二郎腿。接着他问客户要不要来根烟，客户表示不用，他便自己点上了一根烟，旁若无人地抽了起来。而客户的办公室是无烟办公室，因为找不到烟灰缸，小周将烟灰弹在了地上。同时在产品介绍时，他还用夹着半截烟的手指向客户。

当小周滔滔不绝介绍完后，客户皱着眉说："说实话，你的产品无可挑剔，而且还有15%的优惠。如果我们有需要的话，日后再和你联系，今天就先到这里吧！"听到客户的话，小周脸上露出了无法置信的表情。

作为推销员，举止会直接影响到客户对我们的观感和评价。如果推销员在推销过程中不注意这些方面，轻则会给客户留下不好印象，重则会对业绩产生一定影响。哪些举止是需要推销员尽量避免的呢？

（1）不当使用手机。

（2）随地吐痰。

（3）随手扔垃圾。

（4）乱扔烟蒂。

（5）当众嚼口香糖。

（6）当众挖鼻孔或掏耳朵。

（7）当众挠头皮。

（8）咬指甲。

（9）不停地抖腿、跷二郎腿。

（10）当众打哈欠。

（11）在公共场合脱鞋。

（12）体内发出各种声音。

（13）吃饭、喝水时发出响声。

【任务实施】

步骤一：做好会见客户的形象（仪容仪表）准备

（1）头发：出发会见客户之前，小欣特意洗了一个头，梳了一个干练精神的发型。

（2）面部：小欣平时很注重皮肤护理，会见客户前，小欣洗脸并化了一个淡妆，做到淡雅、清新、自然。

（3）手部：小欣洗手时发现了自己的指甲有点长，她在家里进行了认真的修剪，并涂上了淡雅的指甲油。

（4）着装：小欣的客户是一位公司副总，于是她决定与客户见面时穿西装套裙，考虑到不需要走很长的路，小欣穿上了肉色连裤袜和一双新买的 5 厘米高的黑色高跟鞋。为了提升肤色的亮度，小欣为自己搭配了一条彩色的小丝巾。为了装个人物品和保险资料，小欣带上了一个中等大小的黑色皮包。

步骤二：见面后注意自己的仪态

（1）表情：为了给客户留下良好的第一印象，小欣对着镜子练习了微笑，并且提醒自己微笑要发自内心、自然大方、亲切真实。见到客户后，小欣果然给了对方一个亲切的微笑。

（2）握手并进行简单的自我介绍：见面后，小欣主动地打招呼，目光注视着对方的眼睛，并主动伸出右手与对方握手，把握好了握手的力度和时间，握手的过程中，小欣保持微笑并用目光注视着对方的眼睛。简短地自我介绍后，大家坐下来准备商谈。

（3）坐姿：小欣请客户先坐下，然后自己走到座位前，再转身从椅子的左边入座，轻稳地坐下后小欣轻轻地用手将裙装稍拢一下。小欣双肩平正放松，挺胸立腰，上体自然垂直，双膝自然并拢，双腿正放，垂直地面。

步骤三：正确使用商务基本礼节

（1）人际交往礼节：洽谈过程中，小欣懂得尊重对方的隐私，没有询问关于年龄、收入等隐私性强的内容。在点菜时，小欣让客户先点，并尊重对方的饮食习惯和习俗。

（2）语言与举止礼节：洽谈过程中，小欣真诚、热情、大方，普通话标准、流利，很注意使用文明用语，没有出现脏话或忌语。小欣总能找到客户的优点，并真诚地赞扬对方。在举手投足之间，小欣都注意文明礼貌，优雅大方。

（3）眼神：商务洽谈的过程中，小欣大部分时间都看着对方，自然地注视对方眉与鼻梁三角区。洽谈的过程中没有上下打量，斜视，凝视，左顾右盼，发呆。道别时，小欣与对方握手道别并用目光注视着对方的眼睛。

【实战训练】

活动一：仪容仪表训练

【目的】 训练头发、面部、手部和着装礼仪

【内容】 你的同桌准备去应聘职业情境中的宾客服务专员，请你对同桌的仪容仪表提出改进意见，同桌间互相练习。

【注意事项】 注意头发、面部、手部和着装的要求和注意事项。

活动二：仪态训练

【目的】 训练站姿、坐姿、走姿和握手礼仪

【内容】 以职业情境中招聘宾客服务专员为背景，一人扮演面试主考官，一人扮演求职者，表演推销员的站姿、坐姿、走姿和握手礼仪，同桌间互相练习。

【注意事项】 注意站姿、坐姿、走姿和握手礼仪的要求和注意事项。

【理论练习】

一、填空题

1. 推销人员仪容的基本要求是＿＿＿＿＿＿＿＿＿。

2. 推销人员着装基本要求是＿＿＿＿＿＿＿＿＿。

3. 推销人员头发的基本要求是＿＿＿＿＿＿＿＿＿。

4. 握手的类型包括＿＿＿＿＿、＿＿＿＿＿、＿＿＿＿＿。

5. 握手时伸手的顺序应遵循三原则，分别是＿＿＿＿＿、＿＿＿＿＿和＿＿＿＿＿。

二、多选题

1. 女士的头发不适宜（　　）。

A. 剪短发 　　　　　　　　　　B. 怪异新潮发型

C. 夸张的染发 　　　　　　　　D. 大型花哨的发饰

2. 男士的面部修饰要做到（　　）。

A. 干净 　　　　　　　　　　　B. 不留胡须

C. 胡子不能太长 　　　　　　　D. 经常修剪胡须

3. 女性鞋袜的着装要求包括（　　）。

A. 鞋、袜子颜色与裙摆一致或稍深

B. 穿裙装不适合穿高筒袜或连裤袜

C. 如果穿高筒袜应该以肉色为好

D. 一般穿 6 厘米以上的高跟鞋

4. 首饰的佩戴原则包括（　　）。

A. 标新立异、不需符合身份 　　B. 讲究同质同色

C. 注意简洁和谐、不超过三件 　D. 符合习俗

5. 以下关于男士正装（西装）的穿着要求，正确的是（　　）。

A. 上衣的长度宜于垂下手臂时与虎口相平，袖长至手腕，衬衫袖口露出 1~2 厘米

B. 裤长不要盖住皮鞋

C. 在正式场合应穿西装套装，颜色以深纯色为好

D. 西装口袋不要装东西，上衣口袋不要插笔，可以放装饰手帕

6. 男士领带的穿戴原则包括（　　）。

A. 领带长度：打好时，以尖端正好触及或盖住皮带扣

B. 领带的选用应与着装协调

C. 领带夹的位置：从上往下数衬衫的第三和第四颗扣子之间为好

D. 正式场合不要戴有公司标记的领带

7. 以下关于站姿，不正确的是（　　）。

A. 探脖、耸肩、双脚弯曲

B. 双手可以放在衣兜

C. 可以靠在物体或墙面上

D. 站立时，女士一般不能分开双膝和脚后跟

三、简答题

1. 简述坐姿的基本要求和注意事项。

_____

_____

2. 简述语言礼节的基本要点。

_____

_____

3. 握手礼节包括哪些要点？

_____

_____

四、案例分析

保险业务员小高通过朋友介绍，通过电话联络上一位客户。这位客户是泰远旅店的老板。由于旅店与小高的公司相距很远，所以双方一直电话沟通。在电话中，旅店老板表示对小高推销的寿险产品很感兴趣，但由于不能当面核实一些事情，单子迟迟没有签下。为了尽早达成合作，小高决定亲自拜访客户。当小高见到客户，并向客户介绍完产品后，对方表示"这件事情还要和太太商量一下"。小高听到客户的托词后愣了一秒，很快，他想到这家旅店的名字叫作泰远，与"太远"同音。于是，小高笑着对客户说："来到贵店太远，如果是近的话，多来几次也无妨！可是偏偏我离这里很远……"听到小高的这番话，客户笑了。接着，客户一改之前的态度，表示不用和太太商量了，直接同意购买保险。

思考：是什么改变了客户的态度？从本案例中，你得到了什么样的启示？

任务评价

序号	评价标准	分值（100分）	得分
	小组评价	共30分	
1	出勤情况	5	
2	态度与纪律情况	5	
3	小组展示情况	10	
4	团队合作情况	10	
	个人评价	共70分	
5	仪容仪表	10	
6	表情和眼神	10	
7	握手	10	
8	坐姿	10	
9	语言与举止礼节	15	
10	人际交往礼节	15	
	合计		

模块二

售中应对

任务四　寻找目标客户

【学习目标】

> 1. 认识寻找目标客户的重要性。
> 2. 知道寻找目标客户的基本原则和具体方法。
> 3. 充分理解目标客户资格鉴定要素。
> 4. 提高寻找与确定目标顾客的能力。
> 5. 能为目标客户建立简单的顾客档案。
> 6. 培养敏锐的观察能力和分析判断能力。

【任务描述】

　　韦邦公司是广东一家家具制造商，成立三年，凭借优秀的产品品质和良好的售后服务迅速在华南市场占据了一席之地。为了进一步扩大公司的市场业务范围，推广公司的家具产品，公司委派了业务员小刘去开拓华中市场。小刘首先选择来到了武汉这座大城市，曾经他在这里读过四年的大学，现在面对林立的楼群、熙攘的人流，他该如何寻找顾客呢？

【案例分享】

　　寿险业务员每天要做的工作就是寻找准客户。到底在哪里可以找到准客户？从普通的日常生活中，只要你够用心和留心。有一天，工作极不顺利，到了黄昏时刻依然一无所获，原一平像一只斗败的公鸡走回家去。在回家途中，要经过一个坟场。在坟场的入口处，原一平看到几位穿着丧服的人走出来。原一平突然心血来潮，想到坟场里去走走，看看有什么收获。这时正是夕阳西下，斜斜的阳光有点"夕阳无限好，只是近黄昏"的味道。原一平走到一座新坟前，墓碑上还燃烧着几支香，插着几束鲜花。说不定就是刚才在门口遇到的那批人祭拜时用的。原一平恭谨地朝着墓碑行礼致敬，然后很自然地望着墓碑上的字——某某之墓。那一瞬间，原一平像发现新大陆似的，所有沮丧一扫而光，取而代之的是一股跃跃欲试的工作热忱。他赶在天黑之前，往管理这片墓地的寺庙走去。

　　"请问有人在吗？"

　　"来啦，来啦！有何贵干？"

　　"有一座某某的坟墓，你知道吗？"

　　"当然知道，他生前可是一位名人呀！"

　　"你说得对极了，在他生前，我们有来往，只是不知道他的家眷目前住在哪里呢？"

"你稍等一下，我帮你查。"

"谢谢你，麻烦你了。"

"有了，有了，就在这里。"

原一平记下了某某家的地址。走出寺庙，原一平又恢复了旺盛的斗志。

【案例剖析】世界上本不缺少顾客，只是缺少发现顾客的眼睛。作为推销人员应当养成随时发现潜在顾客的习惯，培养自己发现客户的眼睛。客户无处不在，无处不有，寻找顾客不仅在工作中，还在普通生活中，只要牢固树立随时随地寻找目标客户的强烈意识，习惯成自然，相信你的客户会越来越多。

【知识点拨】

一、什么是寻找目标客户

所谓寻找目标客户，是指推销人员主动找出潜在目标客户即准目标客户的过程。准目标客户是指对推销人员的产品或服务确实存在需求并具有购买能力的个人或组织。而客户是指那些已经购买"你"产品的个人或组织。寻找目标客户是推销程序的第一个步骤。由于推销是向特定的目标客户推销，推销人员必须先确定自己的潜在目标客户，然后再开展实际推销工作。

寻找目标客户包含了两层含义：一是根据推销品的特点，提出有可能成为潜在目标客户的基本条件。这个基本条件框定了推销品的目标客户群体范围、类型及推销的重点区域。二是根据潜在目标客户的基本条件，通过各种线索和渠道，来寻找符合这些基本条件的合格目标客户。

二、寻找目标客户的重要性

（1）维持和提高销售额的需要。对企业来说，市场是由众多的目标客户所组成的，目标客户多，对产品的需求量就大。若要维持和提高销售额，使自己的销售业绩不断增长，推销员必须不断地、更多地发掘新目标客户。因此，努力寻找准目标客户，使目标客户数量不断地增加，是推销员业务量长久不衰的有效保证，也是促进推销产品更新换代，激发市场新需求的长久动力。

（2）保持应有的目标客户队伍和销售稳定的重要保证。由于市场竞争，人口流动，新产品的不断出现，企业产品结构的改变以及分销方式和方法的变化，大多数企业都不可能保持住所有的老目标客户。因此，推销员需要寻找新的目标客户，不断地开拓新目标客户作为补充。

三、寻找目标客户的原则

寻找目标客户是最具挑战性、开拓性和艰巨性的工作。推销员必须明白，寻找准目标客户是一项讲究科学性的工作，是有一定规律可循的。推销人员需遵循一定的规律，把握科学的准则，使寻找目标客户的工作科学化、高效化。

（一）确定推销对象的范围

确定目标客户的范围，使寻找目标客户的范围相对集中，提高寻找效率，避免盲目性。准目标客户的范围包括两个方面：（1）地理范围，即确定推销品的销售区域。（2）交易对象的范围，即确定准目标客户群体的范围。

【小故事】国外某企业发明了一种试纸，能在10分钟内检测出患者血液中的毒品含量。推销初期，销售人员把潜在顾客的范围确定为医院的所有医生，结果销售效率很不理想。后来经过对产品特性的再研究，发现该试纸的主要特点是能快速得出检测结果，特别适合紧急诊断的需要，因此推销人员把潜在顾客的范围缩小到急诊科的所有医生，结果大大提高了销售效率。

（二）树立"随处留心皆目标客户"的强烈意识

作为推销人员，要想在激烈的市场竞争中不断发展壮大自己的目标客户队伍，提升推销业绩，就要在平时的"工作时间"特别是在"业余时间"，养成一种随时随地搜寻准目标客户的习惯，牢固树立随时随地寻找目标客户的强烈意识。

【小故事】有一次我应邀为一家知名的IT公司做培训。为了了解当时IT市场的情况，我到了海龙电子市场。刚在一个柜台前驻足，就有一个导购小姐走过来，热情地介绍自己的产品。她的推销技巧很到位，至少用我专业的眼光挑不出毛病。等她介绍完了，我半开玩笑地说："你知道吗？我并不是来买电脑的。"这位导购小姐并没有生气，只是甜甜一笑，说道："没关系呀！这次不买下次嘛！"看她坦诚的样子，我也实话实说，告诉她我是一名销售培训师，是来做市场调查的。这位导购小姐也快人快语："怪不得我感到很难应付您的问题。其实您一走进来，我就知道你不像是来买东西的。""那你为什么要那么投入地向我介绍呢？"我问。导购小姐又是甜甜一笑，说："对于每一个走近我们柜台的人来说，不管是谁，都是我的顾客。就像先生您，不管您现在买不买我们的产品，一旦您需要购买或者您的朋友想购买时，我想您可能会想起我的介绍，您会向他推荐我们的品牌。您说对吗，先生？"

（三）选择合适的途径，多途径寻找目标客户

对于大多数商品而言，寻找推销对象的途径或渠道不止一条，究竟选择何种途径、采用哪些方法更为合适，还应将推销品的特点、推销对象的范围及产品的推销区域结合起来综合考虑。

（四）重视老目标客户

一位推销专家深刻地指出，失败的推销员常常是从找到新目标客户来取代老目标客户的角度考虑问题，成功的推销员则是从保持现有目标客户并且扩充新目标客户，使销售额越来越多，销售业绩越来越好的角度考虑问题的。对于新目标客户的销售只是锦上添花，没有老目标客户做稳固的基础，对新目标客户的销售也只能是对所失去的老目标客户的抵补，总的销售量不会增加。

推销员必须树立一个观念：老目标客户是你最好的目标客户。推销员必须遵守一个

准则：80%的销售业绩来自于20%的目标客户。这20%的客户是推销员长期合作的关系户。如果丧失了这20%的关系户，将会丧失80%的市场。

四、寻找目标客户的方法

（一）逐户访问法

逐户访问法又称地毯式访问法、普遍寻找法、贸然访问法、挨门挨户访问法或走街串巷寻找法，是指推销人员在任务范围内或特定地区、行业内，用上门探访的形式，对预定的可能成为准目标客户的单位、组织、家庭乃至个人无一遗漏地进行寻找并确定准目标客户的方法，也称"扫街"。

该方法遵循的是"平均法则"，即认为在被寻访的所有对象中，必定有销售人员所要找的客户，而且分布均匀，其客户的数量与访问的对象的数量成正比。推销员不可能与他拜访的每一位客户达成交易，他应当努力去拜访更多的客户来提高成交的百分比。如拜访的10人中有1人会成交，那么100次拜访就会产生10笔交易。因此，只要对特定范围内所有对象无一遗漏地寻找查访，就一定可以找到足够数量的客户。这种方法通常在完全不熟悉或不太熟悉推销对象的情况下采用。

（二）连锁介绍法

连锁介绍法又称为客户引荐法或无限连锁法，是指推销人员请求现有目标客户介绍未来可能的准客户的方法。连锁介绍法在西方被称为是最有效的寻找目标客户的方法之一，被称为黄金客户开发法。

该方法遵循的是"连锁反应"原则，即犹如化学上的"连锁反应"。例如，我们现在只有10个客户，如果我们请求每个现有客户为我们推荐2个可能的客户的话，我们现在就增至30个客户了，这新增的20个客户每人再为我们介绍1个客户，发展下去可能的结果就是10、10+20、30+40…那么，到了第二轮推荐时我们就有70个客户了。这种方法要求推销人员设法从自己的每一次推销面谈中了解到其他更多的新客户的名单，为下一次推销拜访做准备。购买者之间有着相似的购买动机，各个客户之间也有着一定的联系和影响，连锁式介绍法就是据此依靠各位客户之间的社会联系，通过客户之间的连锁介绍来寻找新客户。介绍内容一般为提供名单及简单情况，介绍方法有口头介绍、写信介绍、电话介绍、名片介绍等。因此，了解和掌握每一个客户的背景情况会随时给你带来新的推销机会。运用这种方法可以不断地向纵深发展，使自己的客户群越来越大。此法的关键，是推销人员能否赢得现有客户的信赖。

【小故事】世界一流推销大师金克拉在推销时，总是会随身携带两张白纸。一张纸满满地写着许多人的名字和别的东西；另一张纸是一张完全的白纸。他拿这两张纸有什么用呢？原来那张有字的纸是顾客的推荐词或推荐信，当他的销售遇到顾客的拒绝时，他会说："××先生/女士，您认识杰克先生吧？您认识杰克先生的字迹吧？他是我的顾客，他用了我们的产品很满意，他希望他的朋友也享受到这份满意。您不会认为这些人购买我们的产品是件错误的事情，是吧？"

"你不会介意把您的名字加入到他们的行列中去吧？"

有了这个推荐词，金克拉一般会取得戏剧性的效果。那么，另一张白纸是做什么用的呢？当成功地销售一套产品之后，金克拉会拿出一张白纸，说："××先生/女士，您觉得在您的朋友当中，还有哪几位可能需要我的产品？请您介绍几个您的朋友让我认识，以便使他们也享受到与您一样的优质服务。"然后把纸递过去。85%的情况下，顾客会为金克拉推荐2～3个新顾客。

（三）中心人物法

中心人物法也叫中心开花法、名人介绍法、中心辐射法，是指推销员在某一特定推销范围内发展一些有影响力的中心人物，并在这些中心人物的协助下把该范围内的组织或个人变成准目标客户的方法，是连锁介绍法的特殊形式。

该方法遵循的是"光辉效应法则"，即中心人物的购买与消费行为可能在他的崇拜者心目中形成示范作用与先导效应，从而引发崇拜者的购买与消费行为。在许多产品的销售领域，影响者或中心人物是客观存在的。特别是对于时尚性产品的销售，只要确定中心人物，使之成为现实的客户，就很有可能引出一批潜在客户。一般来说，中心人物包括在某些行业里具有一定的影响力的声誉良好的权威人士；具有对行业里的技术和市场深刻认识的专业人士；具有行业里的广泛人脉关系的信息灵通人士。

【小故事】在国外，有位书商的手中存有一批滞销书。一天。他在电视里看到了一个节目里介绍本国的总统很爱读书。这个消息使书商立刻想到了一个快速卖书的办法。他先是给总统送去了这批滞销书中的一本，然后又多次地给总统打电话询问他对这本书的看法。忙于政务的总统不愿与他多纠缠，便随便地说了一句不错。于是，书商就利用总统的这句话为自己的书做起了广告，"现有总统喜爱的书出售"，结果书很快就销售一空。

不久，书商又有一批滞销书，又送了一本给总统。总统上了一回当，想奚落他，就说："这本书糟透了。"书商闻之，脑子一转，又做广告，"现有总统讨厌的书出售"，结果又有不少人出于好奇争相购买，书又售尽。第三次，书商将书送给总统，总统接受了前两次的教训，便不做任何答复。书商却大做广告，"现有令总统难以下结论的书，欲购从速"，居然又被一抢而空。总统哭笑不得，商人大发其财。

（四）个人观察法

个人观察法也叫现场观察法，是指推销人员依靠个人的知识、经验，通过对周围环境的直接观察和判断，寻找准目标客户的方法。个人观察法主要是依据推销人员个人的职业素质和观察能力，通过察言观色，运用逻辑判断和推理来确定准目标客户，是一种古老且基本的方法。

对推销员来说，观察法是寻找目标客户的一种简便、易行、可靠的方法。绝大部分推销员在许多情况下都要使用个人观察方法。不管是在何处与何人交谈，都要随时保持警觉，留意搜集可能买主的线索。

（五）委托助手法

委托助手法也称"猎犬法"，就是推销人员雇用他人寻找准目标客户的一种方法。在西方国家，这种方法运用十分普遍。一些推销员常雇佣有关人士来寻找准目标客户，自己则集中精力从事具体的推销访问工作。这些受雇人员一旦发现准目标客户，便立即通知推销员，安排推销访问。这些接受雇用的人员被称为推销助手。

委托助手法是依据经济学的最小、最大化原则与市场相关性原理。因为委托一些有关行业与外单位的人充当助手，在特定的销售地区与行业内寻找客户及收集情况，传递信息，然后由推销员去接见与洽谈，这样花费的费用与时间肯定比推销员亲自外出收集情况更合算些。越是高级的推销员就越应该委托助手进行销售，推销员只是接近那些影响大的关键客户，这样可以获得最大的经济效益。此外，行业间与企业间都存在着关联性，某一行业或企业生产经营情况的变化，首先会引起与其关系最密切的行业或企业的注意。适当地运用委托推销助手来发掘新客户，拓展市场，是一个行之有效的方法。

【小故事】乔·吉拉德认为，干推销这一行，需要别人的帮助。乔的很多生意都是由"猎犬"（那些会让别人到他那里买东西的顾客）帮助的结果。乔的一句名言就是"买过我汽车的顾客都会帮我推销"。

在生意成交之后，乔总是把一叠名片和猎犬计划的说明书交给顾客。说明书告诉顾客，如果他介绍别人来买车，成交之后，每辆车他会得到25美元的酬劳。几天之后，乔会寄给顾客感谢卡和一叠名片，以后至少每年他会收到乔的一封附有猎犬计划的信件，提醒他承诺仍然有效。如果乔发现顾客是一位领导人物，其他人会听他的话，那么，乔会更加努力促成交易并设法让其成为猎犬。

实施猎犬计划的关键是守信用，一定要付给顾客25美元。乔的原则是：宁可错付50个人，也不要漏掉一个该付的人。猎犬计划使乔的收益很大，为乔带来了150笔生意，约占总交易额的三分之一。

（六）广告开拓法

广告开拓又称广告拉引法、广告吸引法，是指推销人员利用各种广告媒介寻找准目标客户的方法。这种方法依据的是广告学的原理，即利用广告的宣传攻势，把有关产品的信息传递给广大的消费者，刺激或诱导消费者的购买动机和行为，然后推销人员再向被广告宣传所吸引的目标客户进行一系列的推销活动。

根据传播方式不同，广告可分为开放式广告和封闭式广告两类。开放式广告又称为被动式广告，如电视广告、电台广告、报纸杂志广告、招贴广告、路牌广告等，当潜在对象接触或注意其传播媒体时，它能被看见或听到。封闭广告又称为主动式广告，它的传播直接传至特定的目标对象，与开放式广告相比，具有一定的主动性，如邮寄广告、电话广告等。一般来说，对于使用面广泛的产品，如生活消费品等，适宜运用开放式广告寻找潜在目标客户，而对于使用面窄的产品如一些特殊设备、仪器和潜在目标客户范围比较小的情况，则适宜采用封闭式广告来寻找潜在目标客户。

【小故事】被誉为丰田汽车"推销大王"的椎名保久，从生意场上人们常用火柴为对方点烟得到启发，在自制的火柴盒上印上自己的名字、公司名称、电话号码和交通线路等并投入使用。椎名保久认为，一盒20根装的火柴，每抽一次烟，名字、电话和交通图就出现一次，而且一般情况下，抽烟者在抽烟间隙习惯摆弄火柴盒，这种"无意识的注意"往往成为推销人员寻找顾客的机会。椎名保久正是巧妙地利用了这个小小的火柴，寻找到了众多的顾客，推销出了大量的丰田汽车。其中许多购买丰田汽车的用户，正是通过火柴盒这一线索实现购买行为的。

（七）资料查阅寻找法

资料查阅寻找法又称文案调查法，是指推销人员通过收集、整理、查阅各种现有文献资料，来寻找准目标客户的方法。这种方法是利用他人所提供的资料或机构内已经存在的可以为其提供线索的一些资料，这些资料可帮助推销员较快地了解到大致的市场容量及准目标客户的分布等情况，然后通过电话拜访、信函拜访等方式进行探查，对有机会发展业务关系的客户开展进一步的调研，将调研资料整理成潜在客户资料卡，就形成了一个庞大的客户资源库。

推销人员经常利用的资料有：统计资料，如国家相关部门的统计调查报告、统计年鉴、行业在报刊或期刊等上刊登的统计调查资料、行业团体公布的调查统计资料等；名录类资料，如客户名录（现有客户、旧客户、失去的客户）、工商企业目录和产品目录、同学名录、会员名录、协会名录、职员名录、名人录、电话黄页、公司年鉴、企业年鉴等；大众媒体类资料，如电视、广播、报纸、杂志、等大众媒体；其他资料，如客户发布的消息、产品介绍、企业内刊等。

（八）市场咨询法

市场咨询法，是指推销人员利用社会上各种专门的行业组织、市场信息咨询服务等部门所提供的信息来寻找准目标客户的办法。一些组织，特别是行业组织、技术服务组织、咨询单位等，他们手中往往集中了大量的客户资料和资源以及相关行业和市场信息，通过咨询的方式寻找准目标客户是一个行之有效的方法。推销人员可以从以下部门获得市场信息：

（1）专业信息咨询公司。例如一些专业建筑信息公司能提供详细的在建工程信息，包括工程类别、建筑成本、工程时间表和发展商项目经理建筑师等联系方式，且信息每天更新。这为建材生产企业的销售人员节约了大量时间，虽然要向信息公司付一些费用但总体成本还是合算的。

（2）工商行政管理部门。该部门涉及面十分广阔，包括工业、商业、交通运输等各个行业，是一个理想的市场咨询单位。

（3）各级统计和信息部门。这些部门提供的信息准确、可靠。

（4）其他相关部门，如银行、税务、物价、公安、大专院校、科研单位等。

（5）当地行业协会。每个行业基本上都有自己的行业协会，如软件行业协会、电子元件行业协会、仪器仪表行业协会等，虽然行业协会只是一种民间组织，但恐怕没有人能比行业协会更了解行业内的情况了。如果你的潜在客户恰好是某某协会的成员，能得到协会的帮助是你直接接触到潜在客户的有效方法。

（九）网络搜寻法

网络搜寻法就是推销人员运用各种现代信息技术与互联网通信平台来搜索准目标客户的方法。它是信息时代的一种非常重要的寻找目标客户的方法。近些年来，随着互联网技术的不断发展与完善，各种形式的电子商务和网络推销也开始盛行起来，市场交易双方都在利用互联网搜寻目标客户。互联网的普及使得在网上搜索潜在客户变得十分方便，推销员借助互联网的强大搜索引擎如 Google、Baidu、Yahoo、Sohu等，可以搜寻到大量的准目标客户。对于新推销人员来说，网上寻找目标客户是最好选择。通过 Internet 推销人员可以获得以下信息：

（1）准目标客户的基本联系方式，不过你往往不知道哪个部门的负责人，这需要电话销售配合。

（2）准目标客户公司的介绍，可以了解公司目前的规模和实力。

（3）准目标客户公司的产品，可以了解产品的技术参数、应用的技术等。

（4）一些行业的专业网站会提供在该行业的企业名录。一般会按照区域进行划分，也会提供一些比较详细的信息，如慧聪国际、阿里巴巴这些网站往往会由于进行行业的分析研究而提供比较多的信息。

（十）交易会寻找法

交易会寻找法是指利用各种交易会寻找准目标客户的方法。国际国内每年都有不少交易会，如广交会、高交会、中小企业博览会等。充分利用交易会寻找准目标客户、与准目标客户联络感情、沟通了解，是一种很好的获得准目标客户的方法。参加展览会往往会让销售人员在短时间内接触到大量的潜在客户，而且可以获得相关的关键信息，对于重点意向的客户也可以做重点说明，约好拜访的时间。

例如，你想获得在印刷机械行业的潜在客户，你可以参加国际印刷机械展，你将在那里遇到中国乃至世界上最著名的印刷机械制造商，几乎所有的大厂商都会参加，你只需要去看一个展览会，你就会得到这个行业的几乎最有价值的那部分潜在客户。经常去参观某个行业的展览会，你甚至会发现每次你都看到那些准目标客户，这对以后向客户推销是非常有利的。销售人员应该在每年的年末将未来一年相关行业的展览会进行罗列，通过英特网（Internet）、展览公司的朋友都可以做到这些，然后贴在工作间的醒目处并在日程表上进行标注，届时提醒自己要抽时间去参观一下。

（十一）电话寻找法

电话寻找法是指推销人员在掌握了准目标客户的名称和电话号码后，用打电话的方式与准目标客户联系而寻找准目标客户的方法。电话最能突破时间与空间的限制，是最经济、有效率的接触客户的工具，您若能规定自己找出时间每天至少打五个电话给新客户，一年下来能增加 1500 个与潜在客户接触的机会。

五、目标客户资格鉴定

（一）目标客户资格鉴定的概念

所谓目标客户资格鉴定，是指推销人员在正式推销前，按照一定的条件，对潜在目标客户最终能否购买推销品进行分析、判断，从中寻找出真正具有购买可能的潜在目标客户。

（二）目标客户资格鉴定的要素

1. 目标客户的需要与欲望

所谓目标客户需要与欲望的鉴定，是推销人员对目标客户是否想购买推销品做出判断。对目标客户的需要与欲望进行鉴定，其目的就在于找出真正对推销品有需要与欲望的潜在目标客户，剔除那些对推销品无需求无欲望的"名义目标客户"，避免推销的盲目性。对目标客户需要与欲望的鉴定一般可以从以下两方面进行：一是分析、判断目标客户对推销品有无需要与欲望的可能性；二是估计目标客户对推销品的需要量。

2. 目标客户的购买力

审核目标客户的购买力就是审核目标客户是否有钱（现在或将来），是否具有购买此推销品的经济能力，亦即审核目标客户有没有支付能力或筹措资金的能力。

3. 目标客户购买决定权

顾客购买决定权的审核是指推销人员对顾客是否有权决定购买推销品做出分析、判断，并分析、判断对购买决策者有重大影响力的人物。对个人或家庭而言，购买决策权主要掌握在一家之长手中。在不同文化背景、不同经济发展水平中，对于不同类型的产品，家庭决策的权威中心是不同的。对于组织而言，购买决策权会因其组织性质与组织结构等方面的不同而存在差异。

4. 目标客户的信用

审查、鉴定顾客的信用情况，也是顾客资格鉴定的一项重要内容。因为推销人员的工作职责不仅是把商品尽快地推销出去，而且还必须尽快、按期、如数地收回货款。

六、建立目标客户档案

经过以上对准顾客的分析、评价、审查，排除了各种不合格的顾客，进入拜访名单，将名单上的准顾客的各种资料进一步了解清楚，然后装订成册，建立准顾客档案库，妥善保管起来，作为日后推销的珍贵资料。日本的推销之神原一平认为任何业种的推销人员都要有准顾客档案。他自己在填写准顾客档案时，不仅记录每位准顾客的基本情况，而且还记录每次推销活动中与准顾客会晤时的重要谈话内容及感想，特别是将自己的答复与表现记录其中，事后反复研究，以发现问题，不断完善自己。建立准顾客档案，便于推销人员与顾客保持密切的人际关系，建立长期稳定的业务联系；同时通过日积月累，有关资料越来越丰富，对这些资料分析整理之后，必然又能得到许多有价值的信息，为推销人员与顾客打交道时提供更大帮助。顾客档案形式可以有以下两种（表4-1、表4-2）：

表4-1　个人档案

姓　　名		出生日期	
性　　别		学历及母校	
职务、职称		主要经历	
收入（月）		性格爱好	
住　　址		现工作单位	
电　　话		何时购何物	
E - mail		家庭状况	

表4-2　团体档案

企业名称			姓名		其他
地址电话			电话		
开业时间		企业负责人	职务职称		
开始交往时间			爱好		
信用状况			性格		
经营项目			姓名		
何时购何物			电话、地址		
企业规模及经营状况		采购经办人	出生年月日		
			性格爱好		
			与本公司交情		

除以上两种形式外，推销人员还可以根据行业及产品特点调整内容，自行设计，以便提供及时、准确的信息情报，更好地为推销活动服务。

【任务实施】

步骤一：分析产品特点，确定目标客户的范围和条件

小刘在寻找顾客之前结合公司产品的制作材质、功能、价位等几个特点进行分析，将产品与适合的顾客做对应的标注。针对办公家具和家用家具产品分别采用不同的方法寻找顾客。

家具分类		名称	适合顾客
根据功能分类	柜类家具	大衣柜	M/G
		书柜	BM/G&Z
		文件柜	B/Z - G
		陈设柜	B/Z - G
		实验柜	B/Z

续表

家具分类	名称		适合顾客
根据功能分类	桌类家具	餐具	M/G
		写字桌	MB/Z – G
		课桌	B/Z
		会议桌	B/G&Z – G
	坐具类家具	沙发	BM/G&Z – G
		沙发椅	B/Z – G&Z
		椅子	BM/Z
		扶手椅	BM/Z
		转椅	B/Z/G
		课椅	B/Z
		公共座椅	B/Z&D
	床类家具	双人床	M/G
		单人床	M/Z – G&Z
		双层床	B/Z
		童床	M/Z – G
	箱架类家具	书架	BM/Z
		屏风	BM/Z
		隔断	B/Z – G&Z

步骤二：利用各种途径寻找顾客

（一）利用家具卖场的租赁摊位

在高端和中端家具卖场租赁展位，比如在某市高端家具卖场可以选择金马凯旋家居、欧亚达家具博览中心、居然之家。中端卖场可以选择比如红旗家具博览中心、家具会展中心、家华家具城、大众家具城、文化家居广场、金博来家具城、如美佳家居广场、汉商集团家具城、余家头家具大世界、好美佳家具广场、宜家广场等，雇用蹲点销售人员进行销售，主要经营 M/G（民用/高档）和 M/Z（民用/中档）类家具，推销人员在租赁展位注意观察、寻找个人消费者。主要留意那些频繁来展位观看咨询的、男女以谈婚论嫁的情侣身份出现的、穿着打扮言谈举止透露出经济条件不错的顾客。

（二）利用各种涉及家具的商务活动

充分利用各种涉及家具的展销会、洽谈会、博览会、信息发布会、家具交易会等商务活动，寻找有购买办公家具意向的组织顾客。

（三）利用资料查询

利用企业名录、电话簿、专业团体会员名册，以及目前使用广泛的网络资源等来寻找有购买办公家具意向的组织顾客。

（四）利用广告媒体

选择报纸及户外巨幅广告牌两种方式作为广告载体为公司的家具在华中几个城市比如武汉、长沙、合肥等做广告，借以宣传产品、招徕顾客。

（五）利用各种方法寻找顾客

针对民用家具还可以采用连锁介绍法、委托助手法、个人观察法等方法寻找顾客。用委托助手法寻找顾客，小刘委托了以下几个推销助手：第一位是房地产销售人员，第二位是消息灵通人士，第三位是某大型企业的工会办公人员，第四位是寿险销售人员，第五位是装潢公司的业务员。

【实战训练】

训练主题：

为"金宝贝早教中心"寻找客户

训练目的：

培养寻找目标客户的思路

训练内容：

金宝贝早教中心服务于 3~5 岁有先进教育理念的家庭，秉承以幼儿情绪、情感、认知、生理发育和语言发展为研发基础，关注幼儿性格及能力的塑造，强调快乐中学习、游戏＋体验式学习，在变化和乐趣中重复，跟随孩子的发育步伐，理解每个孩子的独特性，给孩子"肯定"的环境金字塔的学习方式，让孩子成为独特的自己。金宝贝的学校技能课程帮助孩子体验社交情感及基本的学校技能。帮助孩子了解自己的需求、平衡他人的需求，学习沟通、合作、自我管理并努力实现共同的目标。金宝贝的生活技能课程带着孩子去发现生活中的美、乐趣，对生活中可能发生的意外状况提前做好准备，让孩子有机会、有能力了解更多知识，他们也在学习中观察、了解和锻炼自己。

训练要求：

首先让学生（代表金宝贝早教中心）对其产品（学校技能课程和生活技能课程）进行分析寻找出目标客户；然后让学生写出寻找目标客户具体的方案，方案包括：目标客户的特征、分布情况、怎样去找，如何实施。最后由教师点评。

【理论练习】

一、填空题

1. _____ 包括寻找目标客户、接近与约见目标客户、推销洽谈、处理目标客户异议及成交一系列过程。

2. 推销人员寻找顾客最基本的方法是_____。

3. 目标客户鉴定要素包括_____、_____和_____。

4. 目标客户档案形式主要有_____和_____两种。

二、单选题

1. 寻找顾客的必要性体现在（　　）。

A. 弥补顾客流失　　　　　　　　　B. 有利于接近顾客

C. 为扩大销售额提供保证　　　　　D. 有利于顺利洽谈

2. 对于推销新人寻找目标客户最适宜的方法是（　　）。

A. 委托助手法　　　　　　　　　　B. 查阅资料法

C. 网络搜寻法　　　　　　　　　　D. 广告开拓法

3. 借助名人效应寻找顾客的方法是（　　）。

A. 资料查阅法　　　　　　　　　　B. 委托助手法

C. 中心开花法　　　　　　　　　　D. 广告开拓法

4. 推销人员根据某公司电视广告上的联系电话向该公司推销产品，这种寻找顾客的方法是（　　）。

A. 权威介绍法　　　　　　　　　　B. 缘故法

C. 广告开拓法　　　　　　　　　　D. 查阅资料法

三、多选题

1. 推销人员在确定推销区域后，应从（　　）方面了解区域特征。

A. 区域内客户的文化素质　　　　　B. 区域内的竞争状况

C. 区域内客户使用推销品的情况　　D. 区域内行业情况

2. 顾客资格鉴定的要素有（　　）。

A. 顾客的需要　　　　　　　　　　B. 顾客的购买力

C. 顾客的购买权　　　　　　　　　D. 顾客的信用

3. 中心人物法的运作步骤有（　　）。

A. 事先调查　　　　　　　　　　　B. 勤于联络，融入群体

C. 直接与决策者或具有影响力者交谈　　D. 推销企业内部权威人物

4. 目标客户档案的主要内容有（　　）。

A. 交易现状　　　　　　　　　　　B. 联系方式

C. 经济情况　　　　　　　　　　　D. 基本情况

四、判断题

1. 寻找目标客户是推销流程的第一个步骤。（　　）

2. 运用中心开花法的关键是找准权威人物。（　　）

3. 分析准目标客户的需求差异，一是鉴定推销品的功能特点与准目标客户的需求注重点是否一致；二是鉴定推销品的品牌是否在准目标客户喜欢的范围之内。（　　）

4. 在实际推销过程中，要正确判断出购买决定权的拥有者及其影响者是一件比较简单的事情。（　　）

5. 寻找目标客户有利于明确推销活动，提高推销工作效率。（　　）

6. 普访法是寻找顾客的方法中最直接、难度最大、最富挑战性的方法。（　　）

五、简答题

1. 寻找顾客的方法有哪些？

2. 对顾客进行资格鉴定应包括哪些方面内容？

六、案例分析题

1. 山田是日本一家肉店老板，一次出席朋友的宴会，当服务员来征询大家喝什么酒时，素不相识的同座中有一位提议"喝啤酒"，结果大家没有异议，一致同意喝啤酒。这一偶然事件让山田受到启发，他开始在顾客中物色中心人物，有意识地拉拢那些交际广、知识阅历丰富、爱讲话的人，给他们各种优惠和周到的服务，让他们对自己的肉店产生好感。很快，这些人就成了山田肉店的义务宣传员，逢人就讲山田肉店的肉新鲜、斤两足、价钱公道、态度好，于是带动了一大批顾客来店消费。山田用这种方法使周围的很多居民成了自己的顾客。问题：

（1）山田使用了哪些方法寻找顾客？

（2）还可以想到什么方法帮助山田的肉店招徕更多的顾客？

2. 请对以下八位顾客进行资格鉴定分析，找出最有可能成为目标客户的两位和最不可能的一位。

序号	年龄（岁）	性别	婚姻	职业	年收入（万元）	住宅	健康	抚养亲属
1	62	女	孀妇	大学退休教师	退休金稳定	公寓	佳	无
2	48	男	已婚	大病退	1.5	公房	劣	两个读大学的孩子
3	21	男	单身	兼职	1	与父母住	佳	无
4	40	男	已婚	高中教师	6	公房	两年前有心脏病，但已康复	农村住居的父母，读中学的儿子
5	45	女	离婚	财团公司总经理	30	公寓	佳	无
6	31	男	已婚	化工厂员工	3	公房	佳	两岁的儿子
7	28	男	已婚	汽车销售员	8	公房	佳	太太（已怀孕）
8	32	男	已婚	百货站采购员	10	公房	佳	两个读小学的双胞胎女儿

3. 小李是维克公司的复印机推销人员。维克公司的产品大多属于中小型机器，在整个复印机市场占有一定份额。维克复印机的市场价格在 5000~40000 元之间。该公司同时提供二手复印机的租赁服务，根据时间的长短，租金最低是每月 200 元。小李查找潜在客户的资料，为下星期的约见做好准备。他获得的潜在目标客户的信息具体如下：

（1）人民医院的资深医师胡先生：胡先生是比较有名的医师，他领导的科室在某一领域的科研水平居于全行业领先水平，目前来看病的病人数量正在快速上升。办公室的一名文员负责资料和账目的管理，每天需要复印大量的文件资料。

（2）佳园房地产公司：佳园房地产公司是一个地区规模和知名度都比较大的公司，

在本地房地产市场已经推出了几个颇具影响力的楼盘。该公司已经购买了维科公司的大型复印机,现在随着公司规模的扩大,一些小的部门也需要采购复印机。采购部的申经理负责订货,但是否真的需要购买,则要由相关的部门负责人决定,虽然该公司的销售额在不断地上升,但是由于公司的经营战略的调整,管理层决定节约开支,压缩办公成本。

(3)盛德法律事务所的钱先生:钱先生从某名牌法律系毕业,从业以来接手了很多经济纠纷的案件,在业内小有名气,客户的数量逐渐增长,客户由小公司转向大中型企业。他招收了新的助手和合作伙伴。事务所每天要处理大量的文件,现在由一个秘书来负责打字、文案、档案管理工作。

(4)育才小学的程校长:育才小学现在有在校学生 1000 多人,100 多名为教师,平时需要处理大量的数学材料和档案管理文件。该学校的财务室决定办公费用和使用方向,他们没有明确什么时候购买复印机。程校长已经从老师们那里得到需要复印机的建议。问题:

(1)这些名单中的哪些是合格的潜在客户?为什么?

(2)谁是最不合格的潜在客户?为什么?

【任务评价】

序号	评价标准	分值(100 分)	得分
	小组评价	共 40 分	
1	出勤情况	5	
2	态度与纪律情况	5	
3	参与讨论情况	10	
4	小组展示情况	10	
5	团队合作情况	10	
	个人评价	共 60 分	
6	能根据推销品的特征认真分析,准确提出潜在顾客的基本条件	15	
7	能熟练运用 2~3 种寻找顾客的方法	20	
8	能对顾客资格进行初步鉴定	15	
9	能为目标客户建立简单的档案	10	
	合计		

任务五　约见与接近目标客户

【学习目标】

1. 明确推销接近前的具体准备工作。
2. 掌握约见目标客户的内容与方法。
3. 掌握推销接近的技巧及应注意的问题。
4. 能运用所学的方法与技巧约见和接近目标客户。

【任务描述】

毕业后的小凤做了某医药公司的一名销售代表。该公司最近研制出一种治疗糖尿病的特效药，欲推向市场。小凤了解到王医生是公司所在地某三甲医院知名的内科主任，主治糖尿病，临床经验十分丰富。小凤打算去约访王医生，以推广公司新出的特效药。如果你是小凤，你会怎样约见、接近王医生呢？

【案例分享】

原一平有一次去拜访一家商店的老板。

"先生，你好！"

"你是谁呀？"

"我是明治保险公司的原一平，今天我刚到贵地，有几件事想请教你这位远近出名的老板。"

"什么？远近出名的老板？"

"是啊，根据我调查的结果，大家都说这个问题最好请教你。"

"哦！大家都在说我啊！真不敢当，到底什么问题呢？"

"实不相瞒，是……"

"站着谈不方便，请进来吧！"

……

就这样轻而易举地过了第一关，也取得了准客户的信任和好感。

【案例剖析】每个人的天性都是喜欢别人赞美的，也都渴望获得别人的赞美，作为推销人员可充分利用人们希望被赞美的愿望来达到接近顾客的目的。本案例中原一平充分利用顾客好为人师的心理，通过赞美和求教问题来接近顾客。当然赞美对方并不是美言相送，随便夸上两句就能奏效的，必须尊重事实，原一平通过调查和了解，进行恰如其分的称赞，将准客户置于一个有着较高声望和一定影响力的角色，自然获得了对方的认可。

【知识点拨】

> 在上门推销前，你要尽可能弄清顾客的情况，你在这类调查中所花去的每一个小时，将会使你给顾客留下深刻的印象，从而有助于你的成功。
>
> ——营销专家乔尔·拉裴尔森

一、推销接近的准备

（一）推销接近准备工作的必要性

推销接近是推销人员为进行推销洽谈，对潜在目标客户进行的正式接触或访问。它是推销人员与潜在目标客户正式推销面谈的前奏，是关系到整个推销工作成败的一个重要环节。推销人员必须要做好推销接近的准备工作，只有这样，推销人员在与潜在目标顾客的接触中，才能充满自信，随机应变，掌握主动，引导推销洽谈工作顺利进行；反之，推销人员若毫无准备，盲目拜访，不仅不利于推销洽谈工作的开展，甚至会使自己处在尴尬的境地。

【小故事】一位推销人员急匆匆地走进一家公司，找到经理室，敲门后进屋。

推销员：您好，李先生。我叫李明，是美佳公司的推销员。

曲经理：我姓曲，不姓李。

推销员：噢，对不起。我没听清楚您的秘书说您姓曲还是姓李。我想向您介绍一下我们公司的彩色复印机……

曲经理：我们现在还用不着彩色复印机。即使买了，可能一年也用不上几次。

推销员：是这样……不过，我们还有别的型号的复印机。这是产品介绍资料。（将印刷品放到桌上，然后掏出烟和打火机）您来一支？

曲经理：我不吸烟，我讨厌烟味。而且办公室不能吸烟。

思考：故事中的李明推销访问会成功吗？

（二）推销接近的准备工作

推销接近的准备工作主要有以下几个方面：

1. 全面、熟练地掌握所在企业的有关知识和产品知识

推销人员应在推销接近前对所在企业的有关知识和产品知识仔细检查，看一看这些知识是否已全面掌握，能否保证面对潜在目标顾客有问必答，一清二楚，看一看能否通过自己对企业、对推销品胸有成竹的详细介绍，赢得顾客的信任。

2. 了解目标客户的情况

（1）个人潜在目标客户的主要情况（表5-1）。

表 5 - 1　个人潜在目标客户的主要情况

①	基本情况	姓名	一要写好，二要读准。推销人员在称呼或书面书写时，务必小心，不得有误，以免闹出笑话来
		年龄	了解目标客户的真实年龄有助于推销预测。但推销员切勿当面打探冒犯，尤其是女士
		性别及职业	不同的性别、不同的职业体现了不同的身份、地位和购买意向
		籍贯	人们对乡土都有浓厚的情感，外地遇同乡有一种归属感，因此在拜访中可利用同乡攀亲交友，展开人际关系
		文化程度	推销人员可以根据目标客户的文化程度决定谈话的内容和方法，有时还可以作为一个话题
		办公及居住地点	对推销人员而言很重要，以便顺利到达接近地点和节省拜访时间
		民族及宗教信仰	掌握目标客户这方面的情况，可使推销人员在进行推销洽谈时，避免卷入不必要的争论，减少推销洽谈的阻力
		其他	包括目标客户的电话号码、邮政编码、邮箱等
②	家庭及其成员情况	家庭人口、每个家庭成员的基本情况等	目的在于分析配偶子女在家庭购物活动各自所起的作用，他们的价值观、特殊偏好等
③	需求情况	包括购买的主要动机，需求详细内容和需求特点，需求的排列顺序的购买能力，购买决策权限范围，购买行为在时间、地点、方式上的规律等	

（2）团体潜在目标客户的主要情况（表 5 - 2）。

表 5 - 2　团体潜在目标客户的主要情况

①	一般情况	①单位全称及简称；②所属产业；③所有制形式；④经营管理体制，隶属关系；⑤所在地点
②	生产经营情况	①企业的生产经营规模；②企业成立的时间；③企业演变经历；④企业目前法人代表；⑤企业主要决策人物的姓名与电话号码、传真号码等
③	组织情况	①组织近期及远期的组织目标；②组织规章制度；③组织办事程序；④组织主要领导人的作风特点；⑤组织机构及职权范围的划分；⑥组织人事状态及人际关系等
④	经营及财务情况	①企业生产的具体产品类型、品种与项目数量；②生产能力及发挥的水平；③产品主要销售地点及市场反映；④市场占有率与销售增长率；⑤管理风格与水平；⑥企业的发展；⑦竞争定价策略等
⑤	购买行为情况	推销对象一般情况下由哪些部门发现需求或提出购买申请？由哪个部门与机构对需求进行核审？他们选择供应厂家的标准是什么？目前向哪几个供应者进行购买？供求双方的关系及其发展前景如何？
⑥	关键部门与关键人物情况	推销员要了解组织购买行为决策中起关键作用的部门与人物，并重点了解其详细情况，以便投其所好，设计出最佳推销方案

（三）拟订推销接近方案

1. 确定访问对象

首先选择那些最有可能购买推销品，并最容易访问的潜在目标客户。

2. 明确约见事由

常见的约见事由有：推销产品、市场调查、提供服务、走访客户、签订合同、收取货款和其他约见事由。

3. 确定约见时间和地点

以让潜在目标客户感到方便和自然，容易接受和允许为前提，考虑到目标客户的职业、作息时间、起居规律和交通情况等。例如，在时间上一般应避开周一上午及周五下午等繁忙的工作时间和交通拥堵时间，在地点上对团体潜在目标客户一般选择在工作场所、社交场所等，对个体潜在目标客户可以选择在目标客户家中或者公共、社交场所等。

4. 拟订推销接近方案，制作目标客户访问启发点卡（表5-3）

表5-3 目标客户访问启发点卡

001 推销方案代号：
002 目标客户名称（姓名）：
003 访问目的：
004 访问时间：
005 见面地点：
006 见面的方式：
007 介绍产品的方式：
008 图片与模型演示方式：
009 示范与目标客户操作方式：
010 可能出现的目标客户异议及解决方案：
011 告别和续约见：
012 其他问题

（四）推销接近的物品准备

（1）有关产品的资料。产品目录册、样品、幻灯片、录像带、照片、效果图、光盘等，以便向潜在目标顾客直接展示商品的实物形态，有助于吸引潜在目标顾客的注意力，促使顾客直接感受商品。

（2）各种宣传资料。包括各种印刷广告、有关新闻剪报、说明书、价格表、检验报告、鉴定报告、营业执照等，以帮助推销人员增强说服潜在目标顾客的力度。

（3）各种办公用品。各种票据、印章、合同文本，以便达到交易时尽快履行有关手续，不贻误时机。

（4）其他物品如笔、记事本、介绍信、名片、身份证、计算器，以及为帮助推销而进行的商品演示等，它能为推销人员的工作带来方便。

表5-4 访问前检查卡

访问前检查卡（可在准备好的问题后面打"√"）
服装是否符合访问场合？
服装是否整洁、合体？
化妆是否到位？
鞋帽是否干净？
提包、手袋是否整洁？
身份证
目标客户资料
样品
示范器材
发票
印章
合同文本
笔记本
备用笔
赠品、礼物
随身货币
其他

（五）做好推销接近前的心理准备

推销的成败不在商品的魅力，而在推销人员本身的魅力。推销人员在接触潜在目标顾客之前，必须要做好充分的心理准备：克服自卑感、羞怯感，对自我、对推销品充满自信，以昂扬的斗志、顽强的精神、无限的热情、最佳的精神状态和心理素质接近潜在目标客户。

（六）做好推销接近前的仪表准备

主要包括外表整洁干净、服饰得体和掌握必要的推销礼仪（详细内容见本书任务三形象与礼仪准备介绍）。

二、约见的方式

（一）当面约见

1. 直截了当地约见

即推销人员直截了当地亮出推销底牌，自报家门，然后根据对方的反应做出对策。例如您好，我是中国人寿保险公司的业务员，我能占用您两分钟吗？这种方法最简便、最常用，但也最容易遭到拒绝。

2. 一见如故约见法

适用于公共场所的约见，即推销人员一开始就将潜在目标客户当成朋友来对待，以闲聊开场。例如在公园，一位女推销员对坐在一旁的怀里抱着小宝宝的年轻妈妈说："下了好多天的雨，今天终于出太阳了，正好给宝宝晒晒太阳补补钙。"年轻妈妈说："是啊！"女推销员说："有没有给宝宝游泳？"年轻妈妈说："还没有，但听其他人都说让宝宝游泳对身体好。""是啊，可以预防感冒，还可以提高宝宝各感官的反应力，要不要找个时间去体验一下？"女推销员一边说一边将某婴儿游泳馆的名片递给年轻妈妈。

当面约见能够马上得到顾客的反应，并有利于推销人员了解顾客的情况，这种方法简便易行，基本适合所有潜在顾客，但成功率较低。

（二）信函约见

信函约见是推销人员将信函（个人信件、单位信函、广告信函等）寄给潜在目标顾客，或者给潜在目标客户发送电子资料、电子邮件，借以引起客户的注意和兴趣，促使目标客户产生进一步了解推销品的愿望，以达到约见的目的。目前信函约见在市场上对高素质人群使用效果较好。

通常信函约见要注意：写清收件人姓名，称呼要准确；强调顾客的受益性；文句要简明扼要；提出面谈的必要性。其撰写时应包含以下基本内容：

（1）称呼、问候。

（2）表明身份，如有推荐人，引出力证。

（3）阐明主题，突出强调推销品给目标客户带来的利益。

（4）提出约见的建议。

（5）结尾写祝福的话。

范例1：

> 尊敬的周先生：
>
> 您好！
>
> 我是佛山平安人寿保险公司的李平，和您的同学汪华是好朋友，从他那里得知，您在事业上取得了非凡成就。我非常想能有机会向您讨教成功之道，同时也让我能有机会给您推荐一份新的家庭理财计划。许多与您一样成功的人士都很认同，相信对您一定会有帮助。我将在近日拜访您，恳请接见。
>
> 顺祝万事如意！
>
> 李平呈上
> 年　月　日

为了使信函更加与众不同、吸引顾客，必须在信函的设计、编排等方面多下功夫。试想有什么比扔掉一张纸更容易呢？如果对方不在意你的产品或服务，那么你的邮件在他的邮箱中可能存放几十年。信函的目的是引起对方的兴趣，让对方愿意与自己见面。因此认真选择寄送名单，在信函设计和编排上有个性和创意是必要的。

【小故事】"请将此函寄回本公司，即赠送古罗马银币。"这是美国一家人寿保险公司的推销员寄给目标客户的一封信中所写的话。信发出后效果很好，公司不断收到回信。于是，推销人员拿着古罗马银币，逐一拜访这些回函的准目标客户："我是××人寿保险公司的业务员，我把您需要的古罗马银币拿来送给您。"目标客户对于这种免费的赠送服务非常欢迎。一旦推销员进了目标客户的家门，就可以逐步将对方引入人寿保险的话题，开展推销行动了。

（三）电话约见

随着通信事业的发展，电话约见是最方便、快捷、经济的方式。据统计，至少有75%的商务往来是从电话开始的。但电话约见也有如看不到目标客户反应、容易被拒绝、电话费高等缺点，所以为了提高电话约见的成功率，在选择电话约见时要注意一些技巧。

1. 打电话前的准备技巧

（1）内容准备：首先审核所收集的资料，确定无误；其次准备自我介绍、准备来电原因，尽可能引起潜在目标客户的兴趣；最后提出约见的请求。

（2）心理准备：全身放松、平静心态，要做到音调平和、彬彬有礼，同时也要充分做好被拒绝的心理准备。

（3）环境与时间准备：准备好笔、本及相关用品资料，放在电话机旁。充分了解目标客户的习惯，电话约见的最佳时间是推销员自己和潜在目标客户都方便的时间。

2. 电话接通后的技巧

（1）电话约见的基本步骤。

步骤一：寒暄致意

步骤二：自我介绍

步骤三：道明来意

步骤四：拒绝处理

步骤五：提出约见要求

步骤六：重复约见时间地点

步骤七：致谢

（2）常见的电话约见拒绝处理。

- "我很忙，没有空"。

我知道您很忙，这也正是我先打电话来的原因。我希望我可以在一个您比较方便的时间来拜访您，请问您是今天下午还是明天上午方便？

- "有什么事就在电话中说吧！"

我去拜访您，只需要 5~10 分钟，向您亲自做个演示，以便于您更好地了解我们的产品，您说是吧？

- "你把资料寄给我看看"。

好的，没问题，我会寄资料给您的。但有一些细节性的问题，我希望能用 15 分钟的时间当面向您解说。不知道您星期三上午还是星期四下午有空？

- "我没兴趣"。

我也觉得您不会对您从未见过的东西产生兴趣，这也正是我要去拜访您的原因。我们曾经做过详细的市场调查，这个产品对像您这样的企业有很大的帮助，您看我是今天下午还是明天上午把资料带给您比较方便呢？

（3）注意事项。

- 表达清晰准确、坚定连贯；
- 言简意赅，不在电话中过多谈论具体的销售；
- 音调平和、甜美并伴随微笑；
- 选用二择一法提出见面要求。

3. 结束电话的技巧

（1）表示感谢；

（2）重复确认；

（3）让对方先挂断电话。

（四）托人约见

指委托第三者约见潜在目标客户的方法。一般用在比较难约的潜在目标客户，形式有口头托约、信函托约、礼品托约等。

（五）广告约见

指利用报纸、杂志、广播等广告媒体广泛约见目标客户的方式。覆盖范围广、效率高，但费用也相对高昂。

（六）网络约见

利用搜索、网络广告、微博等方式方便、快捷、经济地向目标客户发出约见邀请。快捷、便利、费用低、范围广，但有局限性，如要有顾客的 E-mail 地址等。

作为推销人员应尝试运用各种不同的方法，针对不同的顾客采用不同的推销约见方法，也可综合运用几种方法去约见。

【小贴士】

经常见面的顾客，可面约；
距离较近的顾客，可电约；
电信不通的顾客，可函约；
较难接近的顾客，可托约；
约见的对象不明，可广约；
各种方法可并用，相补充。

三、接近目标客户的方法与技巧

成功约见到目标客户后，推销人员就要正式接近目标客户，能否争取主动，使顾客有继续谈下去的热情，还得掌握一定的接近方法和技巧。以下是几种常见的接近目标客户的方法：

（一）介绍接近法

指推销员通过自我介绍或经由第三者介绍而接近推销对象的办法。按介绍主体不同，可分为自我介绍法和他人介绍法。

自我介绍法例子：

"您好！我是××公司的业务代表李明，不好意思，打扰您了！这是我的名片，请您多多指教。"

他人介绍法例子：

"张经理，您好！我是××公司的业务代表李明，不好意思，打扰您了！这是我的名片，请您多多指教。是这样的，您的朋友王先生推介我前来拜访您……"

（二）推销品接近法

也称为实物接近法，是指推销员直接把产品、样本、模型摆在目标客户面前，以引起目标客户对其推销的产品产生足够的注意与兴趣，进而导入面谈的接近方法。这种方法是让推销品做自我介绍，用推销品的魅力来吸引目标客户，即所谓的"好的产品会说话"。

【小案例】有一家橡胶轮胎厂的推销员到汽车制造公司去推销产品，他们随车带去了该厂生产的50多个品种的汽车轮胎，还有刚刚投放市场的最新式的子午线轮胎。进了对方厂门以后，他们并不做过多的口头宣传，只求汽车公司总经理看看随车带来的满满一汽车轮胎，琳琅满目，应有尽有，最后对方拍板与该厂签订了长年订货合同，汽车公司生产的汽车全部采用这家橡胶厂的轮胎。

【小案例】我走进一家商场的商品部，发现这是在我所见过的百货商店里最大的一个营业部，经营规模可观，各类童车一应俱全。我在一本工商业名录里找到商场负责人的名字，并向女店员打听得知他在后面办公室里，于是我来到后面。一跨进那间办公室，他就问："你有何贵干？"我不动声色地把轻便婴儿车递给他。他又说："什么价钱？"我就把一份内容详细的价目放在他面前，他说："送60辆来，要蓝色的。"我问他："您不想听听产品的详细介绍吗？"他回答："你的这件产品和价目已经告诉了我所要了解的全部情况。"

在运用这种方法时需注意以下问题：
（1）产品本身必须具有一定的吸引力，能够引起顾客的注意和兴趣；
（2）产品应该精美轻巧，便于推销人员携带和目标客户操作；
（3）产品必须是有形的实物产品，能使顾客通过感官引起注意和兴趣；
（4）产品本身要质地优良，经得起顾客的摆弄，并从操作中实实在在地感受到产品的利益。

（三）利益接近法

指推销人员以目标客户所追求的利益为中心，简明扼要地向目标客户介绍产品能为目标客户带来的利益，满足目标客户的需要，达到正式接近目标客户目的的一种方法。

【小案例】有位推销人员一进门就向准客户说："我叫××，我是××公司的销售顾问，我可以肯定我的到来不是给您添麻烦的，而是来与你们一起处理问题，帮你们省钱的。××先生，您有没有看到××采用了我们的产品，公司营运状况已大有起色？"推销员通过简单说明降低了准顾客的抗拒，引导准顾客马上就很有兴趣地想知道从他的服务中究竟能得到哪些好处。

在运用这种方法时需注意：
（1）必须实事求是地陈述推销品能够给顾客带来的利益，不可夸大其词。
（2）推销品的独特利益必须有可供证明的依据。
（3）应该仔细设想顾客可能的回应，以便采取适当的对策来处理顾客提出的问题。

（四）赞美接近法

即是以"赞美"的方式对目标客户的外表、气质及其周围的相关事物等进行赞美，从而接近目标客户的方法。运用赞美接近法前要认真进行接近准备，了解顾客值得赞美的是什么，避免捧错了人或事，引起顾客的反感。同时了解顾客的个性特征，讲究赞美的方式。对于年轻的顾客，可以使用比较直接、热情的赞美语言；对于严肃型的顾客，赞语应自然朴实，点到为止；对于虚荣型顾客，则可以尽量发挥赞美的作用；对于年老的顾客，应多用间接、委婉的赞美语言。同时赞美一定要诚心诚意，尊重事实，把握赞美的分寸，可以选择适当的赞美目标。对个人购买者可以从仪容仪表、举止谈吐、气质风度、才华成就、家庭环境、亲戚朋友等方面进行赞美；对组织购买者可以从企业名称、规模、产品质量、服务态度、经营业绩等方面赞美。

【小案例】一个专门推销各种食品罐头的推销员说："陆经理，我多次去过你们商场。作为本市最大的专业食品商店，我非常欣赏你们商场高雅的店堂布局。你们货柜上也陈列了省内外许多著名品牌的食品，窗明几净，服务员和蔼待客，百问不厌。看得出来，陆经理为此花费了不少心血，可敬可佩！"听了推销员这一席恭维话，陆经理不由得连声说："做得还不够！"嘴里这样说，心里却是美滋滋的。

【小案例】一个轿车销售公司的销售员 A 先生向一对夫妻推销他们的产品，这对夫妻对车子的款式、颜色、性能都感到十分满意，但是到最后要掏钱买的时候，他们迟疑了。推销员 A 先生决定加把火——

A 先生："您两位是懂得生活的人。像很多人，思想不开通，一辈子在积蓄，等到自己的钱挣足了再花的时候，发现自己已经老了，什么也用不着了，即使用得着，但是心情已经是不同了。"小夫妻终于心动了，决定买下来。

A 先生（对女士说）："您看，太太您可真幸运，有这样一位有能力的丈夫，又懂得陪你享受生活，又有情趣，体贴人，很难得啊……"

女士听了脸上露出甜蜜的笑容，男士也显得很自豪，于是两人欢欢喜喜地去办理买车手续……

【小案例】原一平到一位年轻的小公司老板那里去推销保险。进了办公室后，他便赞美年轻老板："您如此年轻，就做上了老板，真了不起呀，在我们日本是不太多见的。能请教一下，您是从多少岁开始工作的吗？""17 岁。""17 岁！天哪，太了不起了，这个年龄时，很多人还在父母面前撒娇呢。那您什么时候开始当老板呢？""两年前。""哇，才做了两年的老板就已经有如此气度，一般人还真培养不出来。对了，你怎么这么早就出来工作了呢？""因为家里只有我和妹妹，家里穷，为了能让妹妹上学，我就出来干了。""你妹妹也很了不起呀，你们都很了不起呀。"就这样一问一赞，最后赞到了那位年轻老板的七大姑八大姨，越赞越远了。真正的赞美大师，非常懂得在赞美时控制好火候，将强弱分寸都拿捏得很得当，张弛有度，收发自如。

（五）问题接近法

指推销人员利用直接向目标客户提问的方法，引起目标客户的注意，并诱导目标客户思考、参与讨论，进而逐渐转入推销洽谈的接近方法。运用该方法需要注意以下问题：

（1）问题要有针对性，即提出目标客户最关心、最能引起目标客户共鸣的问题。

（2）问题要明确、具体，避免使用含糊不清或模棱两可的问句，以免顾客听来费解或误解，便于目标客户思考和回答。

（3）提问要注意礼仪。

【小案例】有一位推销书的女士，平时碰到目标客户和读者总是从容不迫，平心静气地向对方提出这样两个问题："如果我们送给您一套关于经济管理的丛书，您打开之后发现十分有趣，您会读一读吗？""如果读后觉得很有收获，您会乐意买下吗？"这位女士的开场白简单明了，连珠炮似的两个问题使对方无法回避，也使一般的目标客户几乎找不出说"不"的理由，从而达到了接近目标客户的目的。后来，这两个问题被许多出版社的图书推销员所采用，成为典型的问题接近方法。

（六）馈赠接近法

指推销人员以一些小巧精致的礼品，赠送给目标客户，进而和目标客户认识并接近，借以达到接近目标客户目的的一种方法。运用该方法需注意的问题：馈赠物品要慎重选择，依据客户爱好确定，它不在于价值的高低，在于其实用性。馈赠品的发送与广告同步进行，有利于扩大企业的影响。不能利用馈赠品变相行贿。

【小案例】一位推销员到某公司推销产品，被拒之门外。女秘书给他提供一个信息：总经理的宝贝女儿正在集邮。第二天推销员快速翻阅有关集邮的书刊，充实自己的集邮知识，然后带上几枚精美的邮票又去找经理，告诉他是专门为其女儿送邮票的。一听说有精美的邮票，经理热情相迎，还把女儿的照片拿给推销员看，推销员趁机夸其女儿漂亮可爱，于是两人大谈育儿经和集邮知识，非常投机，一下子熟识起来。

（七）求教接近法

指推销人员利用向潜在目标客户请教问题与知识的机会接近目标客户的一种方法。

【小案例】格林先生是一家杂货店的老板，他非常顽固保守，非常讨厌别人向他推销。这次，香皂推销员彼得来到店铺前，还未开口，他就大声喝道："你来干什么？"但这位推销员并未被吓倒，而是满脸笑容地说："先生，您猜我今天是来干什么的？"杂货店老板毫不客气地回敬他："你不说我也知道，还不是向我推销你们那些破玩意儿的！"彼得听后不仅没有生气，反而哈哈大笑起来，他微笑地说道："我今天可不是向您推销的，而是求您老向我推销的啊！"杂货店老板愣住了："你要我向你推销什么？"彼得颇为认真地回答："我听说您是这一地区最会做生意的，香皂的销量最大，我今天是来讨教一下您老的推销方法。"杂货店老板活了一辈子，其中大半生的时间都是在这间小杂货店中度过的，还从来没有人登门向他求教过，今天看到眼前这位年轻的推销员对他是如此崇敬有加，心中不免得意万分。于是，杂货店的老板便兴致勃勃地向彼得大谈其生意经，谈他的杂货店，从他小的时候跟随父亲做生意，谈到后来自己接过这间小店，最后一直说到现在："人都已经老了，但我仍然每天守着这个杂货店，舍不得离开它。在这里我可以每天都能见到那些老朋友、老顾客，为他们提供服务，同他们一起聊聊天，我过得非常愉快。"老人家与推销人员聊了整整一个下午，而且聊得非常开心，直到推销员起身告辞，刚到门口，老头子突然想起什么来了，大声说："喂，请等一等，听说你们公司的香皂很受欢迎，给我订 30 箱。"

【小案例】有一次，原一平经人介绍去拜访一位建筑公司的老总。可是那位老总并不买账，一开始就对原一平下逐客令。原一平并没有就此打退堂鼓，而是问："××先生，我们的年龄差不多，你能告诉我你为什么这么成功吗？"原一平很有诚意的语调和发自内心的求知渴望，让这位老总不好意思回绝他，于是就把他的经历告诉他。不想，这一说就是三个小时，原一平始终在认真地听着。最后，原一平并没有提到保险方面的事，而是说想要为他的公司写一份计划书。这份计划书的内容非常丰富，资料详尽，而且他的建议也非常有价值，他整整花了三天三夜的时间才做出来。这位建筑公司老总依照原一平的计划书，结合实际情况，具体地操作起来，效果非常好，业绩在第三个月后提高了30%。老总非常高兴，把原一平当作最好的朋友。结果原一平在这家建筑公司做下了100万日元的保险。

求教接近法对那些刚涉足推销生涯不久的年轻人来说，是一个比较好的方法。但在具体运用这种方法接近目标客户时，应注意以下几个问题：

（1）求教态度要诚恳、语言要谦虚，少说多听；

（2）运用的步骤是先赞美、寒暄，再求教、推销；

（3）认真分析顾客讲话内容，从中发现推销的切入点。

（八）好奇接近法

指推销人员利用准顾客的好奇心理达到接近顾客之目的的方法。好奇接近法需要的就是推销员发挥创造性的灵感，制造好奇的问题与事情。采用好奇接近法应注意下列问题：

（1）引起顾客好奇的方式必须与推销活动有关；

（2）在认真研究顾客心理特征的基础上，真正做到出奇制胜；

（3）引起顾客好奇的手段必须合情合理，奇妙而不荒诞。

【小案例】一位英国皮鞋厂的推销员曾几次拜访伦敦一家鞋店，并提出要拜会鞋店老板，但都遭到了对方拒绝。这次他又来到这家鞋店，口袋里揣着一份报纸，报上刊登了一则关于变更鞋业税收管理办法的消息，他认为店家可以利用这一决定节省许多费用。于是，他大声对鞋店的一位售货员说："请转告您的老板，就说我有路子让他发财，不但可以大大减少订货费用，而且可以本利双收赚大钱。"推销员向老板提赚钱发财的建议，老板怎么能不动心呢？他肯定立刻答应接见这位远道而来的推销员。

【小案例】国外一位科普书籍推销员见到目标客户时说："这本书可以告诉你，丈夫的寿命与妻子有关。"目标客户立即好奇地拿起书来翻阅，从而达到接近的目的。现代心理学表明，好奇是人类行为的基本动机之一，人们的许多行为都是由于好奇心驱使的结果。好奇接近法正是利用了人们的好奇心理，引起买方对推销品的关注和兴趣，促使推销面谈顺利进行。

（九）表演接近法

指推销人员以目标客户所追求的利益为中心，简明扼要地向目标客户介绍产品能为目标客户带来的利益，满足目标客户的需要，达到正式接近目标客户目的的一种方法。运用时应注意的问题：

（1）推销表演必须具有戏剧效果，能引起顾客的注意和兴趣。

（2）推销表演必须自然合理，不要过分夸张以免引起"作秀"的嫌疑。

（3）推销人员应尽量使顾客参与到"戏剧"的表演中，以激发顾客的兴趣。

（4）接近表演所使用的道具应是推销品或其他与推销活动有关的物品。

【小案例】一个推销瓷器的女推销员，当她把一套餐具中的一个盘子递给瓷器经销商时，她故意把盘子掉到地上，但盘子却完好无损。当她捡起来后，说道："这是引导瓷器革命的新技术成果，您的目标客户特别是家里有小孩的目标客户肯定会喜欢这样的产品，难道您不这样想吗？"结果，这位经销商一周后就与她签订了经销合同。

【任务实施】

步骤一：做好接近前的准备工作

1. 了解目标客户王医生的情况，观察医院科室门诊大楼和住院大楼诊疗室数目规模，科室住院病人的年龄、病种、穿着等情况、设备情况，王医生诊疗办公室情况（案头放置哪些书籍、装饰物品，墙上挂什么图画等）

姓名	职务	科室	电话	E-mail	门诊量	临床数	年用药量（金额）

2. 拟订接近王医生的具体方案

姓名	职务	门诊时间	拜访时间	拜访地点	拜访目的	谈话内容

3. 产品资料及拜访工具的准备

准备特效药品的宣传资料、研究文章、产品说明书、检验报告、鉴定证书、公司介绍、名片、记录本等办公用品和物品

4. 做好心理及着装准备

步骤二：约见王医生

考虑王医生的职业特点和所受的教育程度，可采用当面约见、电话约见和信函约见这三种方式。电话约见话术参考如下：

"王主任，您好！我是×××医药公司的销售代表小凤。我从杂志上看到了您为糖尿病患者潜心治病的事迹，很感动。我们公司新研制出一种治疗糖尿病的特效药，您是糖尿病治疗方面的专家，临床经验丰富，所以想向您请教我们这种特效药的临床前景。不知道您是明天上午还是下午比较方便？"

步骤三：接近王医生

可以运用介绍接近法、赞美接近法、求教接近法等。

"王主任，您好！我是×××医药公司的销售代表小凤。今天来是向您介绍我们公司新研制的一款糖尿病特效药……"

"王主任，您好！找您的病人真多呀，打扰您我真是过意不去……"

"王主任，您好！您是糖尿病治疗方面的专家，这是我们公司新研制的特效药，想请您看看它的临床前景怎样。"

"王主任，您好！真没想到您还有×××爱好（观察办公桌、玻璃板、陈列柜和墙上的发现……）。"

【实战训练】

一、约见方式训练

（一）电话约见模拟训练

假设你是新华人寿保险公司的业务员。你的一位朋友黄健向你提供了一位潜在目标客户资料。该目标客户姓赵，是阳光钢铁公司的部门经理，性格开朗且豪爽，喜欢交朋友。你打算电话约访他。究竟该如何交谈才能确保你获得赵经理的约见？

分组：二人一小组，一人扮演赵经理，一人扮演业务员

时间：10 分钟

要求：

（1）赵经理的扮演者至少拒绝一次

（2）进行轮换角色重复演练

（二）信函约见模拟训练

若采用信函约见的方式来约见赵经理，请每位学生写出一封寄送给赵经理的约见信函。在小组内交流，选出优秀者在班内交流。讨论信函约见应注意什么问题。

二、接近方法与技巧训练

假如你是某锅具公司推销员，推销新型不锈钢多功能锅。该锅可以满足煎、煮、炒、蒸、炖、烤等各种烹饪需求，具有高效能、容易清洗、坚固耐用等特点。请你设计五种接近顾客的见面语句并展示自己设计的语句，同学相互评议后教师再点评。

【理论练习】

一、填空题

1. 推销人员利用推销品能给目标客户带来的益处，引起目标客户的注意和兴趣，进而转入推销洽谈的接近方法是_____。

2. 推销人员利用直接向潜在目标客户提问的方法，引起目标客户的注意和兴趣，并诱导目标客户进行思考、参与讨论，进而转入推销洽谈的方法是_____。

3. 推销人员利用向潜在目标客户请教问题和知识的机会接近目标客户的方法是_____。

4. 推销人员利用各种戏剧性表演来展示推销品的特点，以引起目标客户的注意和兴趣的方法是_____。

5. 推销人员借助产品引起潜在目标客户的注意力和兴趣，进而转入洽谈的方法是_____。

6. 推销人员利用人们的求荣心理，通过称颂目标客户达到接近目标客户的目的的方法是_____。

二、单选题

1. 推销人员为进行推销洽谈，对潜在目标客户进行的正式接触或访问，叫作（　　　）。

A. 寻找目标客户　　B. 推销准备　　　　C. 约见目标客户　　D. 推销接近

2. 推销人员遇到目标客户心情不好时出言不逊激怒目标客户，说明推销人员没有做好（　　）。

A. 了解目标客户情况　B. 心理准备　　C. 意外情况准备　　D. 知识准备

3. 对个体目标客户，推销接近的最佳地点是（　　）。

A. 目标客户家中　　B. 工作单位　　　　C. 社交场合　　　　D. 公共场合

4. 简单易行，基本适宜所有潜在目标客户，但成功率较低的约见方式是（　　）。

A. 托人约见　　　　B. 电话约见　　　　C. 当面约见　　　　D. 信函约见

5. 最方便、最快捷、最经济的约见方式是（　　）。

A. 信函约见　　　　B. 托人约见　　　　C. 当面约见　　　　D. 信函约见

6. "张经理，我是来告诉您可使贵公司节省一半电费的方法"，这种接近顾客的方法是（　　）。

A. 赞美接近法　　　B. 馈赠接近法　　　C. 问题接近法　　　D. 利益接近法

7. "王小姐，您好，我是××保险公司的张红。您的发型剪得好漂亮啊，价格一定不便宜……"请问，这种接近顾客的方法是（　　）。

A. 赞美接近法　　　B. 馈赠接近法　　　C. 问题接近法　　　D. 利益接近法：

8. "张厂长，您认为影响贵厂产品质量的主要因素是什么？"这种接近顾客的方法是（　　）。

A. 赞美接近法　　　B. 馈赠接近法　　　C. 问题接近法　　　D. 利益接近法

9. 卖高级领带的推销员在目标客户面前把领带揉成一团再轻易地拉平，这种方法是（　　）。

A. 产品接近法　　　B. 利益接近法　　　C. 好奇接近法　　　D. 表演接近法

10. 通过满足顾客求荣心理而接近顾客的方法是（　　）。

A. 赞美接近法　　　B. 求教接近法　　　C. 利益接近法　　　D. 馈赠接近法

三、多选题

1. 下列属于约见方式的是（　　）。

A. 当面约见　　　　B. 电话约见　　　　C. 信函约见　　　D. 托人约见

2. 关于赞美接近法的说法正确的是（　　）。

A. 推销人员恰如其分的赞美，可以缩短与顾客之间的距离，使顾客产生好感

B. 采用此方法时，一定要实事求是

C. 其赞美一定要发自内心，情真意切

D. 人人都喜欢赞美，所以是万能的接近方法

3. 利用好奇接近法应注意的问题是（　　）。

A. 少说多听、态度诚恳　　　　　　　　B. 与推销活动有关

C. 手段要合情合理　　　　　　　　　　D. 注意时机和场合

4. 以下针对求教接近法说法正确的是（　　）

A. 少说多听，态度诚恳　　　　　　　　B. 手段要合情合理

C. 先赞美寒暄再求教　　　　　　　　　D. 适合于独断型目标客户

5. 推销人员接近顾客的准备工作包括（　　）。

A. 产品知识　　　　　　　　　　B. 顾客情况

C. 接近方案设计　　　　　　　　D. 物品准备

E. 仪表准备

6. 利用馈赠接近法应注意的问题是（　　　）。

A. 投其所需，投其所好

B. 注意时机和场合

C. 选择高档贵重的礼品

D. 礼品只能是见面礼，不能作为恩赐或贿赂顾客的手段

四、判断题

1. 约见信函没有一定的格式，如果有就会导致信函的呆板、老套、缺乏亲切感。（　　　）

2. 公共场合可作为广泛推销约见地点。（　　　）

3. 为了提高信函约见的成功率，可以采用挂号信件或在信件中夹一些让顾客感到新奇的东西。（　　　）

4. 广告约见的特点在于覆盖面广，针对性差，费用高。（　　　）

5. 电话约见通常只能听到对方的声音，而看不到对方，所以不需要穿戴整齐，恭敬有礼。（　　　）

五、案例分析题

1. 麦克·贝柯具有丰富的产品知识，对客户的需要很了解。在拜访客户以前，麦克总是先掌握客户的一些基本资料。麦克常常以打电话的方式先和客户约定拜访的时间。今天是星期四，下午 4 点刚过，麦克精神抖擞地走进办公室。他今年 35 岁，身高 6 英尺，深蓝色的西装上看不到一丝皱褶，浑身上下充满朝气。从上午 7 点开始，麦克便开始了一天的工作。麦克除了吃饭的时间，始终没有闲过。麦克 5 点半有一个约会。为了利用 4 点至 5 点半这段时间，麦克便打电话，向客户约定拜访的时间，以便为下星期的推销拜访而预做安排。打完电话，麦克拿出数十张卡片，卡片上记载着客户的姓名、职业、地址、电话号码资料以及资料的来源。卡片上的客户都是居住在市内东北方的商业区内。麦克选择客户的标准包括客户的年收入、职业、年龄、生活方式和嗜好。麦克的客户来源有 3 种：一是现有的顾客提供的新客户的资料；二是麦克从报刊上的人物报道中收集的资料；三是从职业分类上寻找客户。在拜访客户以前，麦克一定要先弄清楚客户的姓名。例如，想拜访某公司的执行副总裁，但不知道他的姓名，麦克会打电话到该公司，向总机人员或公关人员请教副总裁的姓名。知道了姓名以后，麦克才进行下一步的推销活动。麦克拜访客户是有计划的。他把一天当中所要拜访的客户都选定在某一区域之内，这样可以减少来回奔波的时间。根据麦克的经验，利用 45 分钟的时间做拜访前的电话联系，即可在某一区域内选定足够的客户供一天拜访之用。请评价麦克·贝柯在拜访客户前的准备工作。

2. 假设你是一家形象设计公司的销售员。最近经理安排你到一城市开发三家潜在客户。

客户 A：是一位大型钢铁集团的副总，40 多岁，分管宣传工作，比较保守。他经常出差，办公电话由秘书转接，随身电话号码少有人知道。他对企业形象建设认识不

足，但是他最近学习了日本钢铁企业形象的建设经验，大有触动。

客户B：是一家小型医院的院长，30多岁，思想活跃，医科大学毕业。这位院长业余时间爱好研究企业形象，平时注重医院形象建设。这家医院近期正在电视上进行形象宣传，且院长经常露面。院长的电话、地址都公开。

客户C：是一家大学的校长，46岁，化学教授，性格内向。他的女儿正在这所大学读大二。这位校长在工作时间从不接待校外人员，且周六日家里从不接生人的电话。但是这位校长经常收看电子邮件。据调查，这所大学形象建设较差，本年度招生数量有所下降。

请根据以上所给出的客户背景材料判断约见这三位客户应采用何种方法。

3. 宁先生是一位图书推销员，他正在拜访一家刚开业一个月的书店的王经理。以下是宁先生接近王经理时的部分谈话内容：

宁先生：真是家吸引人的书店！装修漂亮，环境幽雅。

王经理：谢谢。

宁先生：王经理，在你心里，有什么重点的目标客户吗？

王经理：我们主要针对经常光顾书店的女性客户。

宁先生：那你们打算多进哪些类型的图书呢？

王经理：我们对各类小说、散文文学和菜谱、健身等类的书籍有很多的需求。

宁先生：你们有什么不想进的书吗？

王经理：我们一般不进廉价书、库存书和低级幽默类图书。

宁先生（心想，多亏我没有从这几类书开始推销）：你在选择书上还有什么其他的原则吗？

王经理：我倾向于带有书评的文学类书籍，另一个原则就是根据我的预算来进书。我现在差不多已经花完了我开业时所有的预算，所以我要做一些选择。

宁先生：我这儿有一些可能正是你想进的书……

（1）宁先生采用了哪些接近顾客的方法？

（2）采用的最主要的接近方法是什么？运用该方法时应注意哪些问题？

4. 试分析下面四个推销实例各采用了何种接近顾客的方法。

（1）加德纳正准备把他的汽车开进车库。由于近来天气很冷，斜坡道上结了厚厚的一层冰，给行车驾驶带来了一定困难。这时候，一位懂文明讲礼貌的过路行人顺势走过来帮助，他又是打手势又是指方向，在他的帮助下，汽车顺利地绕过了门柱。他凑过来问加德纳："你有拖绳吗？"加德纳回答说："没有。"然后加德纳又补充道，"可能没有。不过，我一直想买一条，但总是没有时间。怎么啦？是否你的汽车坏了？"过路人回答说："不是的，我的车没有坏，但我可以给你提供一条尼龙拖绳。经试验，它的拉力是5吨。"这个过路人的问话即刻引起了加德纳的注意，并且使他意识到他确实需要一条拖绳。这个过路人采用这种方法销售了很多拖绳。

（2）一个推销各种进口食品罐头的推销员说："罗兰先生，我一直很欣赏你们的橱窗。橱窗的布置使你的超市看起来高档时尚。"听了这些话，罗兰先生扬扬得意地点头表示同意。用这样的方式开始销售谈话，推销员就很有可能使顾客对他推销的罐头食品感兴趣并且向他订货。

（3）一个推销员把一块透明塑料布的样品递给一个汽车经销商，然后对他说："请你摸一摸这块塑料布，试试能否把它撕烂？"这个经销商有 50 辆新车存放在露天停车场。推销员是建议他用塑料布把汽车分别盖起来，防风沙、防雨淋以保护汽车。结果这位推销员赢得了这张订单。

（4）推销员马休想以老套话"我们又生产出一些新产品"来开始他的销售谈话，但他马上意识到这样是错误的。于是，他改口说："班尼斯特先生，如果一笔生意能为你节省 125 英镑，你会有兴趣吗？""我当然感兴趣了，你说吧！""今年秋天，香料和食品罐头的价格最起码要上涨 20％。我已经算好了，今年你能出售多少香料和食品罐头，我告诉你……"然后他就把一些数据写了下来。多少年来，他对顾客的生意情况非常了解，这一次，他又得到了顾客很大一笔订货。

任务评价

序号	评价标准	分值（100分）	得分
	小组评价	共40分	
1	出勤情况	5	
2	态度与纪律情况	5	
3	参与讨论情况	10	
4	小组展示情况	10	
5	团队合作情况	10	
	个人评价	共60分	
6	接近前的准备工作充分	10	
7	能针对不同的目标客户选择恰当的约见方式和接近方法	20	
8	约见技巧和接近方法运用熟练	20	
9	善于观察目标客户，与目标客户沟通顺畅	10	
	合计		

任务六　产品介绍

【学习目标】

> 1. 知道产品介绍 FABE 法则的具体含义及使用技巧。
> 2. 能熟练运用 FABE 法则进行产品介绍。

【任务描述】

　　小张是一名新入职的专卖店服装销售人员。在经过公司新人岗前培训后，他便满怀信心地开始了卖场中的服装销售工作。一连几周，他遇到了几十位需要买衣服的客户，面对每一位客户，小张都积极地进行产品介绍，他介绍衣服的面料、质地、款式等内容，但有些客户沉默地走开了，有些则购买了其他销售人员介绍的衣服，一个月下来，小张只有一笔成交记录。他看着店内的另外一名销售员一个月做成了十多笔生意，他开始怀疑自己是不是不会说话，自己根本不知道如何介绍产品……

【案例分享】

　　一位非常成功的窗饰推销员分享了他进行产品介绍过程中与顾客的对话。

　　窗饰销售员："现在家居软装都很讲究色彩搭配的，这个品牌的颜色最丰富了。"

　　顾客："色彩搭配重要，但是产品质量更重要，特别是窗帘，要是用不了几年就坏了，重新打洞，破坏装修，那才难看呢！"

　　窗饰销售员："对，对，所以我们这个品牌才最畅销，它质量很好，口碑很好的，很多人来指名要这个品牌的产品。"（同意顾客的看法并做出附和很容易拉近彼此距离，让顾客产生"他和我的看法类似！"的想法。）

　　顾客："哪个品牌？"

　　窗饰销售员："它不会生锈、不吸油烟，材料是同行业中最好的。"（故意延迟答复，同时追加一句，引起顾客的兴趣和好奇心。）

　　顾客："哦？那肯定很贵了？"

　　窗饰销售员："呵呵，正如您刚才说的，如果用不了几年就坏了，重新买不但费钱，还浪费时间，破坏心情。不如一次性下个决心，买个好的，一劳永逸。其实也不过比别的产品稍微贵一点儿而已。"

　　顾客："是吗？我看看。"顾客很感兴趣地进入店铺听完介绍，愉快地购买了一款高价窗帘。

　　【案例剖析】 顾客走进窗帘店，一般不会说"我需要窗帘的帘片里含镁""我需要窗帘的帘片表层涂氟"等这一类关于产品特性的内容。大多数顾客会这样描述："我需要一个经久耐用的精品窗帘。""我希望选择一款色彩特别的窗帘来点缀家居，突出我的个性。""我觉得不管硬装修还是软装潢，最重要的是实惠，即用起来方便，所以窗帘的选购便于清洗不吸油腻最重要了。"

因此，不能一味地站在推销产品的立场上介绍产品的特征，试图说服顾客，应该说明产品的特征与顾客需求的关系，即产品的利益，只有明确地指出利益，并列出有说服力的证明，才能打动顾客的心。

【知识点拨】

在向顾客推介产品的时候，如何做到有的放矢，让顾客充分了解产品的特性、引起顾客的兴趣，是每一名销售人员需要掌握的基本技能之一。很多销售人员只是将产品手册上的内容或者培训时候记录的内容像留声机一样在顾客面前重复一遍，如此的产品介绍很难打动顾客，更不要说让顾客产生购买的欲望。

使用 FABE 法则介绍商品（图 6-1）其实是一种强调顾客利益的销售方法，它可以让顾客听懂产品介绍；给顾客真实可靠的感觉；使顾客对产品有深入的认识，激发顾客的购买欲望。

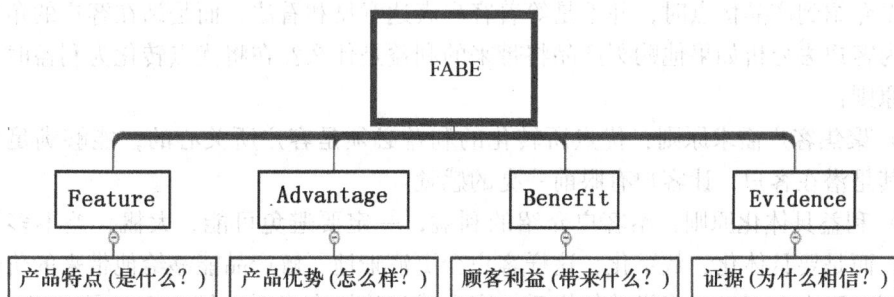

图 6-1　用 FABE 法则介绍商品

一、什么是 FABE

（一）F

即 Feature，在销售时把它理解成一种特点或属性，即一种产品能看得到、摸得着的东西（是什么?）。FABE 策略的第一步介绍的不是优点而是特点，其次才介绍优点，这是因为先介绍特色，再引申到优点，使优点有支撑点，显得更加真实、可信和差异性。

例如，我们这款空调产品采用了目前国际上最先进的也是我们公司的专利技术 SQ 节能技术，这会使得我们的产品比同类产品在达到同样效果的前提下节电 58%。

（二）A

即 Advantage，就是这种属性将会给顾客带来的作用或优势（怎么样?）。在介绍产品的作用和优势时，最好不要超过三个，否则过多的作用或优势很难让客户留下清晰的印象。而且向客户介绍作用或优势一定要符合两大原则：

（1）基于客户需求满足的原则：介绍的作用或优势一定是能够满足客户的需求的，否则再好的特色和优点也不会引起客户的兴趣。

（2）基于竞争对手比较优势的原则：作用或优势是一种比较优势，也就是说你的作用或优势一定是竞争对手所没有的或你比竞争对手做得更好的，否则就不是优势，客户也不会产生兴趣和购买欲望。

（三）B

即 Benefit，是指作用或者优势会给顾客带来的利益（能为顾客带来什么?）。无论特色和优点介绍得再好，这只不过是以"产品为中心"的王婆卖瓜自卖自夸。FABE策略的第二个优势就是将特色和优点转化为利益。因为客户关注的是利益，激发客户购买欲望的是产品能够给客户带来的好处，而不是优点。

接上页"空调"的例子：那也就是说，根据贵公司的采购数量和每台空调平均年使用小时来估算，每年至少能给贵公司节省86000度电，电费按0.58元/度算，一个年度下来就会为你们节省49880元。在金融危机形势下，企业都在内部挖潜，节能降耗，省钱就是赚钱，这对贵公司来说一定是一笔可观的效益，你说是吧？虽然我们的产品价格比其他品牌要贵一点，但这贵出的钱一年就省下来了，接下来就是纯省下的真金白银了，你说哪个更贵呢？

所以介绍到产品优点时，并不是等着客户表达意见和看法，而是站在客户的角度和立场，为客户去分析如果他购买产品将带来的利益是什么？在将优点转化为利益时要做到三个原则：

（1）聚焦客户需求原则：优点所转化的利益必须是客户所关心的，能够满足客户需求尤其是潜在客户，让客户有眼前一亮的感觉。

（2）利益具体化原则：给客户介绍的利益，一定要避免可能、大概、差不多等模糊字眼，而是要具体化、数字化，这样客户会更清晰地了解产品能够给他带来的价值。

案例：客人在问过豆浆机的价格后，客人感觉价格太贵时，销售人员马上讲："我们的产品是医用不锈钢材料做的，一方面更加卫生和安全，另一方面如果天天使用，它的使用寿命将达到××年，折算下来一天的使用费才不到一毛钱，您说贵吗？"客人马上说："一点都不贵。""那你是现金还是刷卡呢？""刷卡！"

3. 利益情景化原则：在给客户介绍利益时，销售人员一定要兴奋起来，情景化的描述产品能够给客户带来的利益，让客户能够像已经购买并已经使用产品后一样体会到产品带来的价值和利益。

（四）E

即 Evidence，是指证据、证明（为什么相信?）。介绍完利益之后，不要给客户太多思考和选择的时间，应马上进入FABE策略的最后一个环节，就是见证。见证是用第三方案例来向客户证明这个产品销售如何，让客户对产品进一步产生信任感。

我们还接上面的"空调"案例来说：我们这款工业用空调产品目前在许多著名企业都使用，比如上海大众、中国石油、中国移动、娃哈哈等，你看这是我们在部分客户企业使用的一些图片资料以及客户评价。目前我们这款空调产品已经在工业空调领域市场占有率达到86%，同时出口美国、荷兰、意大利等20多个欧美发达国家。在刚刚结束的国际空调产品新产品、新技术博览会上，我们这款空调产品获得唯一金奖，这是获奖证书。

在 FABE 策略中，见证的部分一定要体现以下原则：

（1）让事实说话

（2）让数字说话

（3）让专家说话

（4）让荣誉说话

（5）让客户说话

（6）让市场说话

二、如何使用 FABE

（一）产品介绍的步骤（图 6 - 2）

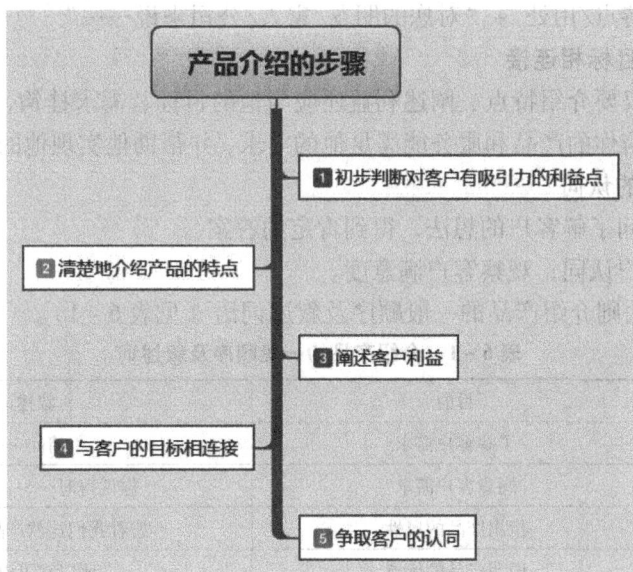

图 6 - 2　产品介绍的步骤

1. 初步判断对客户有吸引力的利益点

（1）简单地交流看到客户的偏好。

女士，您好，我可以帮到您吗？

女士，您好，您需要找单鞋还是凉鞋？

女士，您好，您是需要上班穿，还是平时穿的？

女士，您好，您需要什么样的款式，高跟还是平跟/休闲还是正装……

（2）确认客户需求。想尽办法找到顾客的需求点，思考从哪个角度开始谈，会激发客户继续和你交流的意愿。

2. 清楚地介绍产品的特点

（1）分析客户需求比重，排序产品销售重点。

关注顾客鞋子、衣服、配饰（头花、包包、手链、项链）。

关注顾客的穿衣风格：中性打扮、斯文装扮、休闲风格。

关注顾客的神态特色：和蔼型、领导型、时尚型、爽快型。

尽快帮顾客找到适合的商品，顾客想要的特性。

（2）清楚地介绍客户感兴趣的产品/服务的特点。结合成功案例解说更容易获得客户的兴趣和认同。

3. 阐述客户利益

描述利益的方法：

——产品的特点/用处 ＋ "对您来说……"

——产品的特点/用处 ＋ "这意味着您……"

——产品的特点/用处 ＋ "您将得到……"

——产品的特点/用处 ＋ "这会满足您……的需求"

——产品的特点/用处 ＋ "对您的朋友/家人/公司来说……"

4. 与客户的目标相连接

在销售中不仅要介绍特点、阐述利益还应与他的目标、需求挂钩，形象描述出产生的利益，使他确信你的产品和服务能满足他的需求，并帮助他实现他的目标。

5. 争取客户的认同

（1）利用发问了解客户的想法，得到肯定的答案。

（2）获取客户认同，观察客户满意度。

使用 FABE 法则介绍产品的一般顺序及叙述词语（见表 6 - 1）。

表 6 - 1 介绍产品的一般顺序及叙述词

顺序	目的	叙述词
1	了解客户需求	请问……
2	同意客户需求	你说得对……，是的……
3	指出产品的属性	您看我们这款产品因为……
4	说明产品的优点	所以它可以……
5	指出优点对顾客的意义	对您而言……
6	展示证据	您看这是……

当你在使用 FABE 叙述词时，可以省掉特征或功效以及证据，任何编排都可以，但唯独不能省略利益 "B"，否则将无法打动顾客。

（二）如何寻找 FABE

【小案例】书店里，一对年青夫妇想给孩子买一些百科读物，推销员过来与他们交谈。以下是当时的谈话摘录：

推销员：你看这套书的装帧是一流的，整套都是这种真皮套封烫金字的装帧，摆在您的书架上，非常好看。

推销员：本书内容编排按字母顺序，这样便于资料查找。每幅图片都很漂亮逼真，比如这幅，多美。

客户：我看得出，不过我想知道的是……

客户：我是为孩子买的，让他从现在开始学习一些东西。（推销员作势要将书打包，给客户开单出货。）

推销员：本周内有一次特别的优惠抽奖活动，现在买说不定能中奖。

客户：我恐怕不需要了。

这位推销员的失误之处在哪非常显而易见：不明白客户购买此书的动机；没有掌握产品的介绍技巧；自始至终以自己为主，忽略客户的感受。客户在选购各类产品时，都会有其不变的大方向。例如，购买办公机器是为提高公务处理的效率及合理化、购买生产设备是为提高生产率等。顺着大方向去满足客户的要求，能使您的展示、介绍更加打动客户的心。如果不明白大方向，就要"不耻下问"，弄清楚客户关注的利益点，接下来的介绍，就要时刻围绕利益点展开，随带进行一些附加利益的介绍。不能像以上案例中的推销员一样，始终按照自己的计划、步骤、节奏来介绍。

那应该怎么做呢？

①望：观察客户，一眼识别客户的层次、素质、需求、喜好等。

②闻：听客户的叙述，必须给客户表白的时间，耐心地听，高质量地听，客户没有耐心为你多讲几遍，他们也不会反复强调重点，甚至有些时候他们会自然不自然地隐藏自己的真实需求，这就更需要细心地听。

③切：实际考察客户的状况。客户的表白、回答都不一定正确，适当的时候，业务员需要实地考察客户状况，比如装修，就需上门考察，再为其制定装修方案。

我们还可以从以下途径寻找FABE：

（1）公司培训及公司资料

（2）产品的外包装及说明书，从产品角度寻找的方法：安全性、功能性、外表性、舒适性、方便性、经济性、耐用性等。

（3）和竞争品牌的比较：把我们的商品和竞争品牌做一客观的比较，找出区别加以运用。

（4）从客户口中询得：许多巧妙的特性只有使用者才知道，所以由他们的口中，往往能得知意想不到的用处。

（5）自身观察：发挥自己的想象力和创造力，找出特殊的利益。

（6）从产品本身说利益：公司产品整体利益；各功能模块的利益；公司技术实力的利益；公司服务的利益；案例客户的利益。

（7）该品牌产品所投放的媒体广告及宣传资料。

（8）向同事学习。

（9）练习，练习，练习。

（三）举例说明如何使用 FABE 介绍产品

1. 一般说词与 FABE 说词的比较（表 6 - 2）

表6-2　一般说词与 FABE 说词的比较

一般说词	FABE 说词
这种衬衣是由纯麻纱织成的	因为这件衬衣是由纯麻纤维制成，您在炎夏的天气下穿起来，格外清爽
这款裤子穿了很舒服的	此款所用面料是 100% 棉，很吸汗，夏天穿上能够保持皮肤的干爽，特别舒适
这款衣服的设计版型很好的	因为此款是采用贴身的版型设计，它可以充分地体现出您优美的身材，能够让您在朋友中备受关注

2. 针对不同的产品使用 FABE 法则进行介绍（表6-3）

表6-3　用 FABE 法则介绍各类产品

产品	特性 F（因为……）	优势 A（所以……）	利益 B（对您而言……）	证据 E（您看这是……）
笔记本电脑	这部笔记本电脑不到1公斤	很轻巧	方便携带	称一下，装起来看看
杯子	这个杯子是用不锈钢制作的	可以用20年，不生锈	经济、省钱、健康	用药水检验是不锈钢
打印机	这台打印机每分钟可打印40张	快速打印	节省时间，提高效率	打印测试

3. 针对不同目标顾客的需求介绍产品（以番茄汁为例，表6-4）

表6-4　用 FABE 法则向不同目标顾客介绍产品

目标消费者	特性 F	优势 A	利益 B	证据 E
中老年人	富含番茄红素，多种人体所需微量元素	抗氧化，防癌（前列腺、乳腺），防止心脑血管硬化，对多种慢性疾病有预防和辅助效果	健康长寿	医学证明报告
青年男性	可与啤酒混合饮用	顺滑爽口、口感好、不胀气，减少对酒精的吸收，不易醉	健康的饮用方法，不易长啤酒肚	免费试喝证明口感，医学报告证明健康
青年女性	富含番茄红素，多种维生素、果酸、植物纤维等	减肥美容，美白肌肤，延缓人体衰老	时尚新潮、更年轻更漂亮、轻轻松松享受人生	客户的成功案例，医学证明
小孩（父母）	富含人体所需的番茄红素，多种维生素、果酸、植物纤维等	补充儿童生长发育期所需之营养	健康苗壮成长，更聪明、更漂亮	医学证明报告

（四）产品介绍的时机与技巧

1. 产品介绍的时机（图6-3）

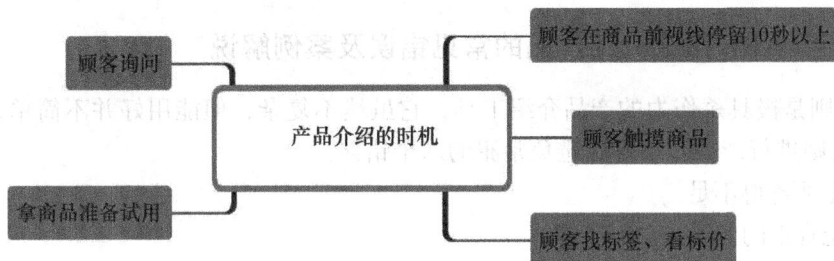

图 6 - 3 产品介绍的时机

（1）顾客进入店铺后在某个商品前视线停留 10 秒以上时。

（2）顾客触摸商品时。

（3）顾客找标签、看标价时。

（4）顾客拿商品准备试用时。

（5）顾客对产品感兴趣，进行询问时。

2. 产品介绍的技巧（图 6 - 4）

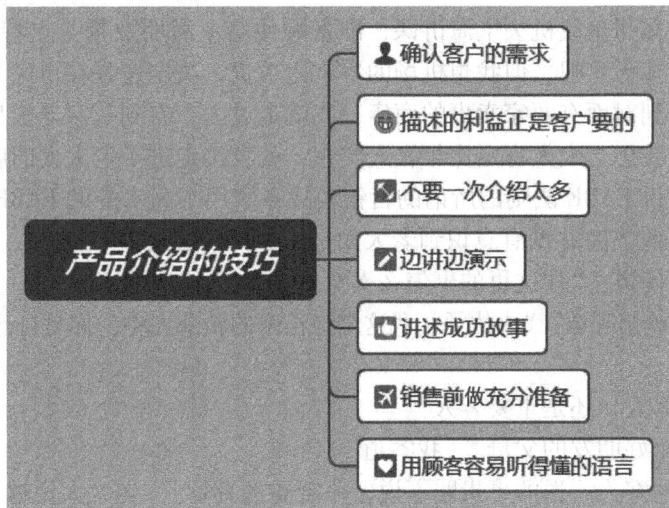

图 6 - 4 产品介绍的技巧

（1）确认客户的需求。

（2）尽量提及所有的利益，但描述的利益正是客户要的。

（3）不要一次介绍太多（要考虑顾客的记忆储存）。

（4）边讲边演示。

（5）配合讲述成功故事。

（6）销售前做充分准备。

（7）使用顾客容易听得懂的语言。

掌握 FABE 法则，并不断地熟练应用，就等于打开了与顾客沟通的心门，在以后的销售中你就会更加从容、自信，成为顾客信赖喜欢的产品顾问。

三、使用 FABE 法则介绍产品的常见错误及案例解说

FABE 法则是极具杀伤力的产品介绍工具，它虽然不复杂，但能用好并不简单，在使用 FABE 法则进行产品介绍时要避免常犯的八个错误：

（1）事先准备得不足。

（2）不能真正的倾听。

（3）不了解客户的需求。

（4）不注重利益的个性化。

（5）介绍过多的优势与利益。

（6）不了解竞争对手忽略差异性。

（7）单单强调特征与优点，忽视利益。

（8）不知道不同类型的内部客户的需求不同。

为了让大家更好地掌握 FABE 法则，我们再通过一个案例来看看如何出神入化地使用：

有一次我从郑州坐飞机去上海讲课，准备顺便给上海朋友带一点特产，带什么呢？我想还是带些新郑大枣吧，但我想机场的肯定比较贵，决定还是在市区买。当我在民航大酒店乘车时看到对面有两家卖枣的商店，我就走过去，看到一家老板是个年轻人，一家是个老太太，我想老太太肯定比年轻人实在，就直接走进了老太太的店，接下来老太太对我这个经常讲 FABE 法则的所谓的营销实战专家用了高水准的 FABE 法则进行了成功的销售（只是我当时并没有意识到老太太是用 FABE 法则）：

我走进店里问道："你这里的枣怎么卖？"

老太太热情地招呼道："小伙子，我这全是正宗的新郑大枣，你是自己吃还是送人？"

"送人。"

"是送一般客人，还是重要客人？"

"送给我一个好朋友的父母。"我答道。

"这是重要的客人，送的枣贵贱不说，一定要送真货。"老太太说道。

"枣还有真假吗？"

"那当然，你知道新郑枣是最有名气的，也是最好吃的，送礼一定要送新郑大枣，现在市场上有山西枣、河北枣、新疆枣冒充新郑枣，你一不小心就可能买到假冒的新郑枣，你是送重要客人的，肯定不愿意买到假冒的新郑枣，你说是吧。"

我说："那肯定是，那新郑枣与其他地方的枣有什么区别吗？"

"那区别可大了，有一种说法叫'灵宝苹果潼关梨，新郑大枣甜似蜜'，新郑种枣的历史据说有 8000 多年了，新郑大枣的优良鸡心枣品种，种植技术独特（F：特色），使得新郑大枣的最大优点就是皮薄、肉厚、核小、味甜（A：优点），不信你尝尝。"说着老太太用一个镊子从一个盒子里夹出一颗又红又大的枣，我忙说："不用尝。"老太太乐呵呵地说："小伙子，买不买没关系，到我店里有个规矩就是一定要尝尝我的枣。"我被老太太的真诚所感染，就拿这个枣吃了起来，老太太淡淡地问："是不是皮很薄？味很甜，而且你看核是不是很小？"我连连地说："没错，是的。""那你带这样的枣去拜望长辈，是不是很体面呢？""那当然。"我答道。（B：利益）

"小伙子你知道吗？有两个西安人上次从我这里买过枣，昨天晚上九点多了又来我店里，我已经回家了，他们从我店外牌子上看到我的电话号码后，打电话把我从家里接来买了四十斤枣。"（E：见证）

"那你这里的就一定是新郑大枣吗？"我问道。

"小伙子，我就是新郑人，我家就在千年枣村王所在的村子，你看看我身份证，上面写着呢。"老太太从旁边的桌子上顺手拿出一个旧旧的身份证送到我面前，我看到上面确实写着老太太的住址是新郑市的一个什么村。（E：见证）

这时我对老太太的枣已经非常动心，就问："你的枣多少钱一斤？"

老太太说："机场的枣多少钱一斤你知道吗？机场的枣至少比我这里的枣贵 10 块钱，还不一定有我这里的枣好，我的枣根据大小不同，有 25 元、30 元、35 元一斤的，我建议你买 30 元一斤的就可以了。如果你买我的枣超过 100 元，包装盒我免费送你，一点不比机场的包装差，你看看我这些包装。"（B：利益）

"好的，我就要 30 元一斤的，我要 200 元的"我脱口而出。

"好的，我再免费送你一大盒'好想你枣片'，如果零卖的话一盒 20 块钱呢。"老太太高兴地张罗着帮我称好枣并包装好。我付过钱后，老太太说："小伙子，既然你看老人，不如你再带两瓶枣花蜜，这对老人的健康非常好，肯定会给老人一个惊喜，你一下买我这么多枣，如果你要我就 20 元一瓶给你，原价 40 块钱呢，等于买一送一了。"老太太从货架上拿出一瓶枣花蜜给我看。我犹豫了一下，觉得老太太说的有道理，我一下又掏了四十元钱买下了两瓶枣花蜜。（B：利益）我付完账，老太太高高兴兴地送我出门。

回味老太太的销售过程，我惊奇地发现老太太的销售过程中炉火纯青地使用了FABE 法则！

【任务实施】

步骤一：了解客户需求，初步判断对客户有吸引力的利益点

通过细心观察顾客的穿着打扮、动作和行为，了解客户的需求，可以情绪饱满、热情、真切地询问：

小姐，您好，我可以帮到您吗？

小姐，您好，您喜欢哪种风格？比较独特的，还是简洁的？

小姐，您好，您是需要上班穿，还是平时穿的？

小姐，您好，您需要什么样子的款式，休闲还是正装？

要尽可能地得到顾客的购买需求，然后同意客户需求：是的，您说得对……

步骤二：清楚地介绍产品的特点

因为我们这款衣服是采用纯天然的优等长绒棉为原料，烧毛丝光等工艺处理后的高档面料，使用世界第一品牌德国雷马素染料，使用的是世界上最顶级的瑞士桑德森预缩机及三次预缩水技术。

步骤三：清楚地介绍产品的优势

所以，这款衣服具备纯棉良好的透气性和吸汗功能，面料手感爽滑，光泽度高，颜

色纯正、不易褪色，不易变形、不易缩水。

步骤四：阐述产品对客户的利益，与客户的目标相连接，争取客户的认同

这意味着您夏天穿着非常清爽，出汗也不会粘在身上。穿着档次高，体现身份。衣服的保鲜度强，穿着时间长。便利性强，易洗快干易打理，出差旅游最佳选择。

步骤五：提出证据

拿出衣服面料的质量鉴定报告，请客户去试衣间试穿衣服，感受产品的舒适性和款式。

【实战训练】

一、寻找 FABE 的训练

【目的】使用正确的途径寻找 FABE 的介绍要点，为产品介绍做好准备。

【内容】

给出几个物品让学生自主选择需要介绍的产品，如饮料、球鞋、衣服、手机等，提供必要的包装、说明、公司资料等。要求学生利用各种途径寻找产品的介绍要点，并使用专业的叙述词把 FABE 分别写在纸上。

【注意事项】灵活运用知识链接中的九大途径进行寻找，尽量丰富内容。

_____

_____

二、使用 FABE 进行产品介绍的训练

【目的】使用 FABE 法则介绍产品，提高语言表达能力。

【内容】

同桌间一人扮演顾客，一人扮演推销人员，推销员使用训练一中寻找的 FABE 要点，进行产品介绍，顾客对产品介绍提出意见和建议，交换角色，互相练习。

【注意事项】介绍时语言通俗易懂，流畅，普通话标准，要多练习。

_____

_____

【理论练习】

一、填空题

1. FABE 法则中 F 是指_____、A 是指_____、B 是指_____、E 是指_____。

2. 使用 FABE 法则介绍商品其实是一种强调_____的销售方法。

3. 产品介绍的技巧包括确认_____、尽量提及所有的_____、销售前做_____、使用_____的语言等技巧。

二、单选题

1. 产品介绍的第一步是（   ）。

A. 介绍产品特点　　　B. 介绍产品优势　　　C. 了解客户偏好　　　D. 确认客户需求

2. 下列叙述词中，属于阐述产品带给顾客利益的是（   ）。

A. 请问……　　　　　　　　　　　B. 对您而言……

C. 您将得到……　　　　　　　　　D. 这会满足您……的需求

三、多选题

1. 介绍产品的特点需要完成的工作包括（   ）。

A. 分析客户需求比重　　　　　　　B. 排序产品销售重点

C. 介绍客户感兴趣的产品特点　　　D. 介绍产品的优势

2. 下列属于 FABE 的寻找途径的是（   ）。

A. 公司资料及产品广告宣传资料　　B. 产品包装及说明书

C. 和竞争品牌比较　　　　　　　　D. 从客户口中询问得知

3. 下列属于产品介绍技巧的是（   ）。

A. 首先确认客户需求　　　　　　　B. 不要一次介绍太多

C. 边讲边演示　　　　　　　　　　D. 配合讲述成功故事

四、简答题

1. 产品介绍的时机是什么？

_____

_____

2. 请自选一种产品，使用 FABE 法则的叙述词语写出产品介绍的内容。

_____

_____

_____

任务评价

序号	评价标准	分值（100 分）	得分
	小组评价	共 30 分	
1	出勤情况	5	
2	态度与纪律情况	5	
3	小组展示情况	10	
4	团队合作情况	10	
	个人评价	共 70 分	
5	寻找并了解顾客需求	15	
6	正确描述产品的特点（F）	10	
7	正确描述产品的优势（A）	10	

序号	评价标准	分值（100分）	得分
	小组评价	共30分	
8	正确描述产品的利益（B）	10	
9	提出合理的证据（E）	10	
10	表达流畅、语言通俗易懂、普通话标准	15	
	合计		

任务七　引导与说服

【学习目标】

1. 知道引导与劝说顾客的目的和原则。
2. 能够正确分析顾客需求并根据不同的购买动机激发顾客的购买欲望。
3. 能够熟练运用合理的劝说策略来引导与说服顾客。

【任务描述】

小李的公司筹备一场大型的招聘会，要联系需要招聘员工的各大企业加入。小李给 H 公司的张经理打电话："张经理，您好！请问贵公司有招聘的需要吗？"张经理："有的，我们需要招一名电工。"小王："那您要不要考虑一下参加本周六举办的招聘会？会务费才 200 元，超级划算！"张经理："这个职务我们暂时不是很急，先考虑一下！"小李："这样啊……"

如果你是小李，你应该如何去引导和说服张经理，让他们马上参加本周六的招聘会？

【案例分享】

布鲁斯金学会是美国知名的营销学会。如果谁可以把一把斧头卖给美国总统，便可以获得布鲁斯金学会颁发的最高荣誉"金靴子"奖。然而，可惜的是，这一奖项至今无人获取。直到 2010 年 5 月 20 日，一个叫乔治·赫伯特的推销员把这一奖项收入囊中。他把一把斧头成功卖给美国总统小布什。

这几乎是一件"不可能完成的任务"。因为前任总统克林顿没有这样的需要。但在布什总统上任后，乔治·赫伯特经过精心策划，给布什总统写了一封信，信中这样写道：

"尊敬的布什总统，祝贺您成为美国的新一任总统。我非常爱您，也很热爱您的家乡。我曾经到过您的家乡，参观过您的庄园，那里风景很美。但我发现庄园里有很多粗大矢菊树的枯树枝，我建议您把这些枯树枝砍掉，不要让它们影响庄园里美丽的风景。现在市场上卖的斧头大多是轻便型的，不太适合您。我正好有一把祖传的大斧头，非常适合您使用。如果拥有了它，您就可以十分轻松地让你的庄园变得更加美丽，而我只收您 15 美金。"

布什总统看到这封信，立刻吩咐他的秘书寄去 15 美元。于是一次看似不可能完成的销售实现了，一个空置了许多年的天才销售奖项终于有了得主。为此，布鲁斯金学会开了一个表彰大会。会上，主持人指着身后其貌不扬、略显腼腆的乔治·赫伯特，对在场所有的人说："难道他比你们聪明 100 倍吗？不，完全不是，实际上他比你们都要平庸。那难道是他工作比你们努力吗？也不是，他花费的工夫比你们要少得多。那难道是他和布什家族有什么渊源吗？其实他和你们一样平凡。那么，乔治·赫伯特有什么推销魔力呢？"

【案例剖析】按照通常的逻辑，这是一个困难的推销。当今的总统什么都不缺，即使缺什么，也用不着他亲自购买；退一步说，即使他亲自购买，也不一定正赶上你去推销的时候。乔治·赫伯特之所以成功，首先源于他的自信。乔治·赫伯特没有把总统当成总统来对待，他只是把布什当成了一个普通的客户，在他看来，把斧头卖给总统和把斧头卖给普通人没有什么区别。其次是他的推销技巧——从斧子联想到农场，通过实地调查，用事实和细节来说服对方。赫伯特没有笼统地说树，而是说矢菊树，而且细心地观察到木质已经松软。布什总统非常喜欢这个农场，得克萨斯州是他的故乡，他自己身上就有得州牛仔的影子，矢菊树牵动了他的思乡情怀。赫伯特在信中说，布什需要一把不甚锋利的老斧头，因为从布什的体质来看小斧头太轻，像布什这样体格健壮的人需要的是适合砍树的斧头。布什听了这样的称赞一定满心欢喜，而且，布什只需要按照赫伯特提供的邮箱地址，汇款 15 美元就行了，不费吹灰之力。花很少的时间精力和很少的钱，就能得到很多的回报，比如说思乡、比如说健康的体魄、比如说美好的家园，清晰地描述大斧头的优势和特色，从而打动了布什总统。

【知识点拨】

引导和说服就是推销员以达成交易为目的，坚持一定的原则，在成功发现消费需求的基础上，通过分析顾客购买动机和心理特征，从而采取不同的劝说策略，宣传商品的优势和亮点，让消费者了解并接受商品，并最终做出购买决定的循坏过程（图 7-1）。

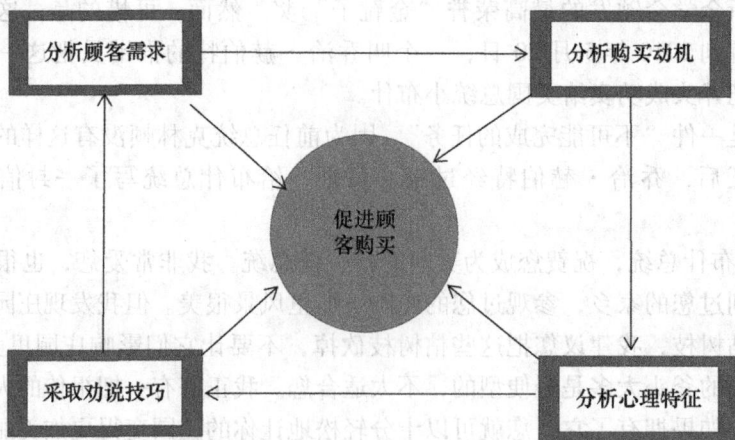

图 7-1　引导说服流程图

一、引导与说服顾客的原则

推销员对顾客进行引导和劝说的过程中，要始终坚持一定的原则，才能实现促成顾客购买的目的。引导与劝说的原则主要包括诚实性原则、平等互利原则、效益性原则和灵活性原则，核心内涵如表 7 - 1 所示。

表 7 - 1　引导与劝说的原则内涵分析

引导与劝说的原则	核心内涵	正确做法	错误做法
诚实性原则	首要原则，对待顾客坦诚真实，不欺骗顾客	如实向顾客介绍产品信息	为了达成交易向顾客提供虚假信息，误导顾客
平等互利原则	与顾客建立平等互惠互利的友好关系	既尊重顾客，又不卑躬屈膝；既维护商家利益，也为顾客利益着想	和顾客的地位不平等，只维护商家利益
效益性原则	用业绩衡量推销成果	把精力集中在目标顾客身上，提高推销成功效率	漫无目地推销，不注重推销结果
灵活性原则	针对不同顾客的类型采用不同推销技巧和策略	分析顾客购买动机、心理特征，采取针对性的劝说策略	千篇一律，对所有顾客都是同一种推销方式

二、引导和说服顾客的出发点：分析顾客需求

优秀的推销员不是直接向顾客推销商品，而是以需求为切入点对顾客进行引导和劝说，更容易获得顾客的认可和接受。

顾客需求是多方面的、不稳定的，需要进行分析和引导。推销人员可以根据顾客的年龄、性别、体型、着装、职业以及兴趣爱好等发现需求。分析顾客需求的过程可以分为以下几步（如图 7 - 2 所示）：

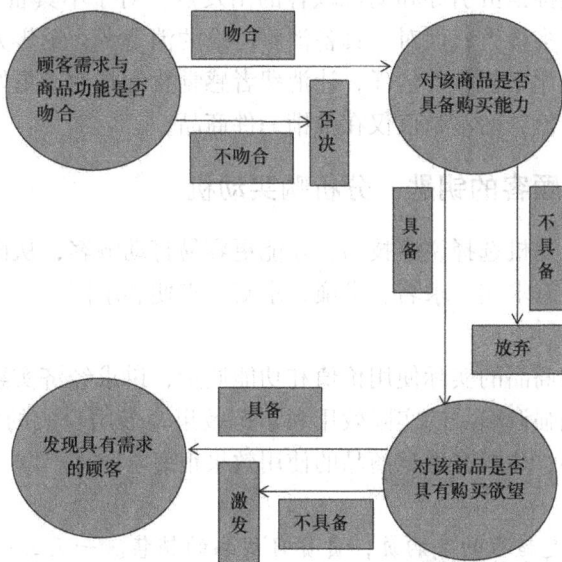

图 7 - 2　消费需求分析流程图

第一步：分析消费需求是否与商品的功能吻合，如果不吻合就否决。

第二步：如果吻合，进一步分析对该商品是否具备购买能力。对于不具备购买能力的顾客要果断放弃。

第三步：对于具备购买能力的顾客要进一步分析其对该商品是否具备购买欲望。对于不具备购买欲望的顾客，要激发购买欲望才能使其成为具有消费需求的顾客。

【小故事】小王是一家高档化妆品店的导购员。店里销售的是女性化妆品，每盒的价格均在 1000 元以上。一天早上，小王在店门口招徕顾客。这时，从门口经过了四位顾客，一位是身着西装的中年男士，一位是打扮时尚的女大学生，一位是挎着名牌包包的都市女白领，还有一位是穿着普通的打工族。小王经过需求分析，最终选择时尚的女大学生和都市女白领作为目标顾客。小王的需求分析过程如表 7 - 2 所示。化妆品的功能是给消费者带来美丽。中年男士的需求和女性化妆品的功能不吻合而否决，其他三类女性的需求和功能是吻合的。打工族的收入有限，不具备高档化妆品的购买力，从而放弃。时尚的女大学生和都市女白领都具备高档化妆品的购买力。女大学生对于高端化妆品的购买欲望不是很强烈，需要激发购买欲望。都市女白领是具有强烈购买欲望的消费者。

表 7 - 2 高档化妆品的需求分析表

	需求与功能是否吻合	是否具备购买力	是否具备购买欲望	是否具备消费需求
穿西装的男士	不吻合	否决	否决	否决
普通打工族	吻合	不具备	放弃	放弃
女大学生	是	具备	不具备	激发
都市女白领	是	具备	具备	是

分析消费需求是推销员引导和劝说顾客的出发点。对于不具备消费需求的消费者，销售人员无须花费太多精力。而对于具备消费需求的消费者，销售人员应当以消费需求为切入点，与消费者建立初步的信任，让消费者感觉我们是为了更好地满足消费者的需要，实现消费者的价值，而不是仅仅在推销一件商品。

三、开启说服顾客的钥匙：分析购买动机

根据不同的购买动机选择说服技巧，才能更容易打动顾客，从而激发他们的购买欲望。常见的购买动机有求实、求名、求廉、求新、求便和求同。

1. 求实动机

推销员面对注重商品的实际使用价值和功能质量，讲求经济实惠，经久耐用这类动机的消费者时要特别强调商品的实际效用和示范效果，借用身边的实际例子劝说顾客，增强顾客的消费信心，让顾客感觉商品的使用效果很好。

【小故事】小李是超市的导购员，负责日用品的销售。一天，一位顾客经常饱受牙疼的困扰，想要购买一款对于保护牙齿、清洁口腔效果明显的牙膏。

顾客："我最近老是牙龈发炎，您能给我推荐一款牙膏吗？"

小李："您找我算是找对人了。前段时间我和您一样，被牙疼折磨得饭都吃不下。我后来改用了这款牙膏，用了一个星期疼痛都消失了。现在我变成了吃货，经常在朋友圈晒美食。"

小李借用了自己的案例来说服顾客，可以很好地帮助顾客树立对牙膏的消费信心。

2. 求名动机

推销员面对关注商品的商标，购买时容易受广告宣传、商品知名度的影响这类动机的顾客时要注重宣传商品的品牌效应，注重宣传商品的品牌知名度和传播媒体，让消费者感觉商品是名牌商品，衬托顾客的身份。

【小故事】小张是某汽车品牌4S店的销售员。一天，来了一位做家具生意的顾客，想换一台高档汽车，方便和客户洽谈生意。

顾客："经理，我想换台高档的车。"

小张："一看您就是做大生意的老板。这是我们请某位明星代言的新上市的车型，专门针对像您这样有身份、有地位的老板，销售情况十分火爆。在汽车行业，它的品牌影响力排在前三。您开着这样的车去洽谈生意，一定非常有面子。"

小张很好地将汽车的档次和老板的身份结合起来，既宣传了汽车的品牌，又彰显了顾客的地位。

3. 求廉动机

推销员面对价格敏感，容易受"优惠价、折扣价、大特价"等影响这类动机的顾客时要多进行价格对比，既可以对原价和现价进行对比，也可以对比同类商品在其他店的价格，让顾客知晓购买商品节省的金额，刺激消费者做出购买决定。

【小故事】小刘是一家服装店的导购员。一位女性顾客看中了一条裙子，又觉得价格太贵，犹豫不决。

顾客："小姐，这条裙子最低打几折？这个价格有点贵。"

小刘："您来得正是时候。我们店正在搞活动，现在打5折，平时最低都要打八折，您可以节省100多元。"

小刘明确告知顾客优惠的金额，让顾客感觉机会宝贵，降低了顾客对价格的敏感性。

4. 求新动机

推销员面对追求商品的新颖和时尚，而忽略商品的价格和实用程度这类动机的顾客要注重强调商品款式新颖和时尚潮流，夸奖顾客的眼光。

【小故事】小杨是一家女士手提包店的导购员。一天，一位打扮前卫的女性顾客想更换包包。

顾客："经理，我的包包有些过时了，想换一款最新的。"

推销员："我向您推荐这款最新潮的包包。您背上这款包包，走在大街上，回头率一定超高。"小杨用"回头率"吸引顾客的注意，满足顾客希望被关注的心理。

5. 求便动机

推销员面对追求购买和使用商品的便利性这类动机的消费者，要描述地理位置的优越性，让顾客感觉购买很方便；同时，还要强调送货上门、安装、维修等售后服务，让顾客感觉使用很方便。

【小故事】小吴是一家按摩椅店的导购员。某天，一位中年男士顾客想给自己的父母买一台按摩椅。

顾客："经理，我想给家里的老人买一台按摩椅，有什么好的介绍一下？"

小吴："这款按摩椅卖得很好，您可以坐上去感受一下效果。"

顾客："效果挺好的，不知道用起来方不方便。我平时很忙，很少在家。家里就只有两位老人。"

小吴："这个您尽管放心。我们有专门的售后服务团队，为您提供送货上门和使用指导。您一下单，我们的团队会在一天内给你送货上门，教会如何使用才能离开。您不需要在家，只要家里有人就行。"

小吴对商品的使用和售后服务做了很好的说明，打消了顾客顾虑，让顾客可以放心购买。

6. 求同动机

推销员面对喜欢随大流，看见别人买自己就跟着买，容易受身边人的影响这类顾客要强调商品的受欢迎程度和顾客消费后的评价。

【小故事】小陈是婚纱店的销售员。某天，一对新婚夫妇走进婚纱店打算拍一组婚纱照。

顾客："经理，我们想拍一组婚纱照，可以介绍一下吗？"

小陈："很多年轻人结婚都拍这类的婚纱照，拍完后感觉都很好，给您看一下他们拍完的效果。我推荐你们也试一试。"

小陈向顾客展示了婚纱拍摄的受欢迎程度和拍摄效果，容易打动顾客。

找准购买动机是打开顾客购买欲望的钥匙。推销员要分析顾客购买商品的真正目的和用途，从而做到"有的放矢、对症下药"。

四、说服策略选择的依据：分析顾客心理特征

> 推销产品要针对顾客的心，而不要针对顾客的头。

顾客的心理特征是推销员选择劝说策略的重要依据。推销员要根据顾客的言行举止分析顾客的心理特征属于哪种类型，从而采取有针对性的劝说策略。消费者的心理特点通常可以分为：随和型消费者、精明型消费者、炫耀型消费者、沉默型消费者、力量型消费者。不同类型的消费者对商品和销售人员的行为表现和性格分析如表 7 – 3 所示。

表 7 – 3　消费者心理特殊分析

顾客类型	对商品的行为表现	对推销人员的行为表现	性格分析
随和型顾客	购买时犹豫不决 有较强的从众心理	乐于听取销售人员的意见	温和友善 容易相处 缺乏主见
精明型顾客	喜欢挑剔 喜欢对比 喜欢讨价还价	不会轻易相信销售人员	认真谨慎 分析观察能力强
炫耀型顾客	不计较价格 关注商品的档次	喜欢听到赞美 喜欢炫耀财富和地位	性格外向 虚荣心强
冷漠型顾客	喜欢精挑细选 拿不定主意	无动于衷 保持沉默	沉默寡言 防备心强 不易接近
力量型顾客	总喜欢提出质疑	不给说话的机会 不愿意听取意见	高高在上 主观臆断 好胜心强

五、引导和说服技巧与方法

推销员要针对不同类型的顾客有针对性地采用不同的劝说技巧，才能让顾客更容易做出购买决定。

1. 心理暗示法

心理暗示法就是推销员要营造一种商品"供不应求"、购买时机十分难得的现象，给顾客心理上形成一种暗示：如果错过购买时机，将是顾客自身的损失。

【小故事】小王是一家男士皮鞋专卖店的导购员。店里正在搞促销活动，男士皮鞋买一赠一。

顾客："经理，我想买双皮鞋，有什么好介绍的吗?"

小王："您来得正是时候。本店正在搞促销活动，全场皮鞋买一赠一。平时买一双鞋的钱，现在可以买两双。今天可是活动的最后一天。"

顾客："那我不是很幸运?"

小王："那当然了。您再晚来一天，活动就取消了。"

顾客："既然这样，那就来一双吧。"

小王抓住了顾客"求廉"的购买动机，强调促销活动给顾客带来的优惠，给顾客心理造成赶紧购买机不可失的暗示。

心理暗示法的使用技巧：①要明确告知顾客"现在买"比"以后买"给其带来的实惠；②要让顾客感受到一种"幸运感"；③心理暗示法适用于求廉动机和随和型的顾客。

2. 案例说服法

案例说服法是指推销员用案例说服顾客的方法。推销员跟顾客分享典型的成功案例，增强顾客对商品的消费信心。

【小故事】小刘是一家室内装修设计公司的业务员。一位中年男士想找装修公司设计一份新房子的装修设计图。

顾客："我以前装过两套房子，每次设计都有缺陷。有些设计华而不实，有些设计又考虑不周全，花了很多冤枉钱。"

小刘："您尽管放心。你所在的小区有三分之一以上的业主都是我们设计的。您什么时候有空，我可以带您去参观几家客户装修后的效果。您可以对比一下我们与其他公司的价格，我保证您找不到比我们更便宜的。"

小刘给顾客提供了设计成功的数据和案例，并主动提出让顾客去现场看看设计效果，有信心跟其他设计公司进行价格对比，有效地打消了顾客的疑虑。

案例说服法的使用技巧：①向顾客展示的案例要真实可靠，最好是顾客所熟悉的案例，不能弄虚作假；②选择的案例要有优越性，能够让顾客瞬间明白商品的优势；③案例说服法适用于求同动机和精明型顾客。

3. 赞美褒奖法

赞美褒奖法是指推销员有意识地赞美顾客的外形、财富、学识、人品等优点，满足顾客的"虚荣心"，从而激发顾客的购买欲望。

【小故事】小李是某房地产中介中心的销售员。一位脖子上戴着粗粗的金项链的老板模样的人走进售楼中心。

顾客："我最近炒股老亏欠，一天就不见了几十万。可能是现在的房子风水不好，想换个风水好的房子转转运，钱不是问题。"

小李："一看您就是做大生意的老板。我第一次遇到像您这么尊贵的客户。您这么年轻就这么成功，真令人羡慕。我手上刚好有几套高档别墅，专门为像您这样的成功人士预留的。"

小刘听完顾客炫耀后，适时地夸奖了顾客，强调了别墅的档次，满足了顾客的虚荣心，让顾客对购买别墅产生了购买欲望。

赞美褒奖法的使用技巧：①赞美褒奖法要找准顾客的优点，使用恰当的赞美之词，让顾客感觉很自然；②将顾客的优点和产品的特色结合联系起来；③赞美褒奖法适用于求名、求新动机和炫耀型顾客。

4. 自我评判法

自我评价法是指推销员和顾客共同分析不同商品的利弊，让顾客自己去分析，从而做出最适合自己的购买决定。

【小故事】 小何是房地产公司售楼处的销售员。一对中年夫妇想购买一套商品房，但是对于房子的楼层和方位拿不定主意。

顾客："经理，我们想买套新房，不知道该买哪一套，能不能给点建议？"

小何："A 栋的房子是靠马路，噪声会大一点，所以价格也便宜点。B 栋的房子是大户型，适合五口以上的家庭。如果家里有老人，楼层最好不要超过五楼，因为有时候电梯维修上下楼不方便，而且夏天蚊子也会多一点。您看，哪套房子最合适？"

顾客："家里有老人，晚上很怕吵，贵一点没关系。"

小何："B 栋的三楼刚好还有一个单位，正适合您这样的家庭。"

小何很明确地把每栋房子的优势和劣势告知顾客，让顾客可以根据自己家庭的特点去做出选择，更容易让顾客做出购买决策。

自我评价法的使用技巧：①自我评价法要明确说出不同商品的利和弊，让顾客对商品有充分的了解；②推销员不要急于下结论，让顾客自己做决定；③ 自我评价法适用于力量型和求实动机的顾客。

5. 亲身体验法

亲身体验法是指推销员用顾客或自己的亲身经历说服顾客的方法。

【小故事】 减肥产品的推销员小陈向顾客推销减肥产品。

推销员："吴老板，像您这样的成功人士平时肯定有很多的应酬，经常大鱼大肉，又没有时间锻炼，所以才会导致您的肥胖。如果肥胖继续发展下去，肯定会影响您的健康。有没有想过彻底改变目前的状态？"

顾客："您说得太对了。我也尝试过一些减肥的方法，可是由于工作太忙，没时间坚持，效果很不理想，后来都放弃了。"

推销员："我以前比您还胖，自从用了本产品，减肥效果特别明显，还不影响工作。"

小陈很好地向吴老板描述了他所面临的难处和需要解决的问题，同时又用自己的亲身经历说服顾客，更容易赢得顾客的信任。

亲身体验法的使用技巧：①从关心顾客的角度出发介绍产品，帮助顾客解决问题；②跟顾客分享自身的体验，让顾客感知商品的效果；③亲身体验法适用于求便动机和力量型的顾客。

6. 以情感人法

以情感人法是指推销员以真诚热情的服务感动顾客，以促进顾客购买。

【小故事】小李是一家家具门店的导购员。一天，店里来了一位尊贵的客人。客人在店内选购家具，始终一言不发。

小李看到顾客的裤子被雨淋湿了，便主动递上吹风机。顾客深受感动，主动和小李攀谈。聊天中得知，今天恰好是客人的生日。小李立即组织所有店员为顾客唱起了生日歌。顾客再次被感动，当场签了一张大单。

小李注意到客人裤子湿了的细节，主动热情地帮助客人解决难题，当得知当天是顾客生日，大方地为客人唱生日歌，赢得了客人的心。

以情感人法的使用技巧：①推销员要给顾客热情、主动的印象；②要注重细节，从细节上关心顾客；③以情感人法适用于求实动机和冷漠型的顾客。

【任务实施】

步骤一：通过提问先明确顾客的需求

只有完全、清楚地识别顾客的明确需求才能有针对性地采取有效的劝说策略。当小李给 H 公司的张经理打电话得知他们需要招聘一名电工后，应当先明确这一需求的具体情况，比如招聘电工是否紧急，招聘电工的具体要求是什么，该公司人员招聘的方式和途径有哪些等。

小李："您对电工这个职位有什么具体要求？"

张经理："持有电工证，至少三年以上的电工工作经验，负责公司用电设备、机电设备维修、用电线路的维护保养等，工作认真细心，有责任心……"

小李："您这个电工职务空缺多久了？"

张经理："差不多一个月了。"

小李："那您不是很着急？"

张经理："这倒没有，上次向老板提出招聘申请后老板一直都还没答复。"

步骤二：根据顾客需求的具体情况采取有针对性的引导和说服策略

小李："老板没答复可能是他工作忙，还没有关注到。但如果公司一旦发生什么事情，老板发现电工没到位，对您肯定是有影响的。而且目前人才市场上电工还是比较紧缺的，尤其是像您提出的招聘条件和要求，想要招聘到一名技术过硬的电工是需要花时间进行甄选的，我个人建议您还是尽快安排电工招聘工作。您觉得呢？"（自我评判法）

张经理："嗯，你说得有道理。"

小李："本周六我们公司将会举办一场大型的招聘会，会务费 200 元，现在已经有近一百家企业报名参加，剩下的场位也不多了，要不给您也安排一下，您看怎么样呢？"（心理暗示法）

张经理："那行吧。"

小李："好的，那麻烦您让人尽快把资料发给我，我好帮您做点宣传，确保您的电工招聘到位。"

【实战训练】

1. 几位外地游客来餐厅消费，其中一位问餐厅经理："经理，你们这里最有名的菜是什么？"请分析顾客的购买动机，并写出你的劝说语言。

_____

_____

2. 一位穿着朴素的老奶奶到文具店想给孙女买个书包，询问书包价格。请分析顾客的购买动机，并写出你的劝说语言。

_____

_____

3. 一位穿着高贵的中年妇女购买服装。她刻意告诉销售员她是一家上市公司的高管，要经常参加应酬活动。请分析顾客的心理特征，并写出你的劝说语言。

_____

_____

4. 假如你是健身中心的推销员。一位身材比较胖的顾客来咨询如何办理健身卡。你打算用哪种劝说技巧？请写出你的劝说语言。

_____

_____

【理论练习】

一、填空题

1. _____原则是推销员引导与劝说顾客购买的首要原则。

2. 推销员引导与劝说顾客的目的是让顾客做出_____。

3. _____动机的消费者只追求价格低的商品。

4. _____动机的消费者只追求名牌商品。

5. _____心理特征的顾客对推销员抱着怀疑的心态。

6. 对于_____心理特征的顾客，推销员要用真诚热情感动顾客。

7. _____顾客具有较强的防备心理，不容易接近。

8. _____法是指推销员用顾客或自己的亲身经历说服顾客的方法。

二、单选题

1. 推销员的成效要用完成交易的业绩来衡量，说明引导与劝说顾客过程要遵循（　　）。

A. 诚实性原则　　　　　　　　　　B. 灵活性原则

C. 效益性原则　　　　　　　　　　D. 互惠互利原则

2. 推销员要根据顾客的购买动机、心理特征采取有针性的推销技巧和策略，说明引导与劝说顾客过程要遵循（　　）。

A. 诚实性原则　　　　　　　　　　B. 灵活性原则

C. 效益性原则 　　　　　　　　　　 D. 互惠互利原则

3. 关于自我评判法，说法错误的是（　　　）。

A. 推销员要明确告知顾客不同商品的优势和劣势

B. 在顾客做出购买决定前，推销员就发表自己的意见

C. 让顾客自己做出适合的购买决定

D. 自我评判法适用于力量型的顾客

4. 对于求廉动机的顾客，推销员的引导策略是注重（　　　）。

A. 商品的品牌 　　　　　　　　　 B. 价格对比

C. 使用的便利性 　　　　　　　　 D. 商品的流行性

5. 对于求同动机的顾客，推销员的引导策略是注重（　　　）。

A. 商品的品牌 　　　　　　　　　 B. 价格对比

C. 受欢迎程度 　　　　　　　　　 D. 商品的流行性

6. 对于随和型顾客，推销员劝说策略是（　　　）。

A. 心理暗示法 　　　　　　　　　 B. 自我评判法

C. 赞美褒奖法 　　　　　　　　　 D. 亲身体验法

三、多选题

1. 以情感人法运用的技巧有（　　　）。

A. 给顾客热情、主动的印象

B. 从关心顾客的角度出发介绍产品，帮助顾客解决问题

C. 适用于求实动机和冷漠型的顾客

D. 适用于求便动机和力量型的顾客

2. 亲身体验法运用的技巧有（　　　）。

A. 注重细节，从细节上关心顾客

B. 跟顾客分享自身的体验，让顾客感知商品的效果

C. 适用于求实动机和冷漠型的顾客

D. 适用于求便动机和力量型的顾客

3. 心理暗示法使用的技巧有（　　　）。

A. 要明确告知顾客"现在买"和"以后买"的不同

B. 要让顾客感受到一种"幸运感"

C. 适用于求廉动机和随和型的顾客

D. 适合于求同动机和精明型的顾客

四、判断题

1. 推销人员要说服对方，就要考虑到对方的观点或行为存在的客观理由，亦即要设身处地地为顾客想一想，从而使顾客对你产生一种"自己人"的感觉。（　　　）

2. 赞美褒奖法在使用时要找准顾客的优点，使用恰当的赞美之词，让顾客感觉很自然，它适用于求实动机和冷漠型顾客。（　　　）

3. 顾客的心理特征是推销员选择劝说策略的重要依据。（　　　）

五、案例分析题

小陈带着他的女朋友小丽去逛商场，他们刚买了房子准备去挑点家具，小丽看上了

一套简约欧式系列的沙发，小陈一看标价，觉得太贵了，可是看到女朋友渴望的眼神，只好跟推销员杀价了。

对话情景1：

小陈："这套沙发太贵了，能不能便宜点？"

推销员："不贵！这可是品牌家具，又是今年的最新款，我们卖得是最便宜的了！有心买我给你打个九五折。"

小陈："六折！"

推销员："不可能！哪有那么便宜，我拿货都拿不了，如果有那么便宜，你卖给我好了，我多少都要。"

对话情景2：

小陈："这套沙发太贵了，能不能便宜点？"

推销员："这套沙发确实有点贵，像这种简约而不简单的浪漫欧式沙发适合一些都市白领、金领阶层以及对生活品质有追求的人士。您先坐上来试试？"（给顾客一个购买的身份，同时引导顾客体验拥有的感觉）

当他们坐在沙发上体验时，推销员接着说："你看，多合适！（对小丽说，其实是说给小陈听）你真幸福，有这么好的男朋友，我在这个店工作已经三年了，以我的经验，只有那些很爱老婆的男人才舍得买这么配他老婆气质的家具。好羡慕你啊！"

请从对比情景中分析推销员说服小陈购买沙发所使用的方法。

任务评价

序号	评价标准	分值（100分）	得分
	小组评价	共40分	
1	出勤情况	5	
2	态度与纪律情况	5	
3	参与讨论情况	10	
4	小组展示情况	10	
5	团队合作情况	10	
	个人评价	共60分	
6	能正确理解引导和说服顾客的原则	10	
7	能准确把握顾客的需求、购买动机和心理特征	10	
8	引导与劝说策略选择得当	20	
9	引导和说服的语言使用熟练	20	
	合计		

任务八　处理客户异议

【学习目标】

1. 知道客户异议的类型和处理原则。
2. 能辨析顾客异议产生的原因。
3. 掌握常见异议处理的方法。
4. 能运用异议处理方法和技巧妥善处理顾客的异议。
5. 增强创造性解决各类顾客异议的意识，培养与人为善、以诚相待的品德。

【任务描述】

　　小花刚刚进入服装行业，成为某女装专卖店的一名服装导购员。今天上午，小花接待了三个顾客，每个顾客均对试穿的衣服有着这样或那样不太满意的地方，比如"这个衣服太紧了，再宽松一点就好了……"，"这个穿起来太成熟了，显得老气……"，"我确实喜欢这个款，但我的同事也买了一套，而且还在同一个办公室……"，最后小花都没有开单成功。这时又有一个顾客走进店来，小花同样热情地接待了顾客，等顾客欣赏和试穿了半天后，小花说：

　　"小姐，这款挺适合你！"

　　"嗯，这款衣服还不错，等下次我带朋友过来看后再决定吧！"

　　"这样啊，那你记得下次来哦！"

　　……

　　就这样一个上午走掉了四个顾客。下午主管问起小花为什么没有业绩，难道没有一个客人进店吗？小花把接待每个顾客的情况一五一十地告诉了主管，主管告诉小花这些都是顾客找的借口。面对顾客提出的各式各样的问题，小花究竟该怎么处理呢？

【案例分享】

　　在小区附近有个市场，有个卖水果的老李。一天，老李遇到一位难缠的顾客。

　　"这个苹果这么小，一斤还要卖4元吗？"顾客拿着一个苹果左看右看。

　　"我这个苹果虽然小但水分足，又甜又脆，不信你尝尝。"老李一边说一边拿出小刀切出一小块递给顾客。

　　顾客尝后说："一斤3元，不然我不买啦！"

　　老李微笑着说："我如果一斤3元卖给你，那对刚刚买了我苹果的人怎么交代呢？不然你去别家比较比较？"

　　"可是，你的苹果这么小，而且长得也不光滑漂亮。"顾客仍然在坚持。

"长得还好吧，重要的是口感好。如果又大又漂亮的话，可能一斤要卖到 6 元了。"老李依然微笑着说。

不论顾客的态度如何，老李始终保持着微笑。顾客虽然嫌东嫌西，最终还是以一斤 4 元的价格买了。

等到那位顾客走了，老李对一旁跟着学习的年轻人说："嫌货才是买货人啊!"后来，老李成了一家规模不小的水果经营批发公司的老板。

【案例剖析】销售中我们经常会看到这样的情景。"嫌货"就是"顾客异议"，只有那些嫌货色不好的人，才是看中货物的人，才是真心想买的人。案例中的老李正是因为看透了顾客异议产生的真正原因，领悟了顾客异议的本质和精髓，所以才能销售如此成功。

【知识点拨】

顾客异议是推销人员在推销过程中，顾客对推销品、推销人员、推销方式和交易条件发出的怀疑、抱怨，提出否定或反对意见。推销人员只有正确地认识、处理和化解这些异议，才能成功推销。

一、正确认识顾客异议

（一）异议是推销中必然现象

> 推销是从拒绝开始的。从事销售活动的人可以说是与拒绝打交道的人，战胜拒绝的人，才是销售成功的人。
>
> ——日本推销之神原一平

> 要想推销成功，就必须设法克服顾客的异议，我把它看作生意的一部分。事实上，我估计在我的整个推销生涯中，大约 80% 的生意都是在我遇到至少一次异议的情况下成交的。由此可以看出，要是顾客不想买我的产品，我就放弃努力的话，那我很可能好几年前就干不下去了。
>
> ——乔·吉拉德

顾客异议自始至终存在于整个推销过程中，是推销过程中的一种正常现象，也是推销成交必须跨越的障碍。推销实践中，顾客没有任何异议即提出购买的情况是不多见的。

（二）异议既是成交障碍，也是成交信号

> 一旦遇到异议，成功的推销员会意识到，他已经到达了金矿；当他开始听到不同意见时，他就是在挖金子了；只有得不到任何不同意见时，他才真正感到担忧，因为没有异议的人一般不会认真地考虑购买。
>
> ——美国著名推销大师汤姆·霍普金斯

"挑货人才是买货人"这句谚语道出了顾客异议的实质。根据调查发现，当异议不存在时，交易只有54%的成功率，当顾客有异议时，交易的成功率达到64%。顾客异议体现出潜在顾客对推销品感兴趣，如果推销人员没有正确地处理顾客异议，没有给顾客一个满意的答复和解释，它可能成为成交的障碍；反之，顾客异议则为交易成功提供了机会。

（三）异议是一种挑战，应当欢迎

如果顾客没有任何反对意见，还要推销员干什么？推销的本身就是要求推销人员去改变顾客以往的观念行为而接受新的观念、新的产品、新的消费方式等。不断接受挑战，正是推销人员应具备的素质。

二、顾客异议的类型

区分顾客异议的不同类型，有助于推销人员选择有效的异议处理方法。以下是几种常见的顾客异议类型：

（一）需求异议

指顾客认为不需要产品而形成的一种反对意见。例如，一位女顾客提出："我的面部皮肤很好，就像小孩一样，不需要用护肤品""我们根本不需要它""这种产品我们用不上""我们已经有了"等。

（二）财力异议

指顾客认为缺乏货币支付能力的异议。例如，"产品不错，可惜无钱购买""近来资金周转困难，不能进货了"等。

（三）权力异议

指顾客以缺乏购买决策权为理由而提出的一种反对意见。例如，顾客说："做不了主""领导不在"等。

（四）价格异议

指顾客以推销产品价格过高而拒绝购买的异议。无论产品的价格怎样，总有些人会说价格太高、不合理或者比竞争者的价格高。例如，"太贵了，我买不起""我想买一种便宜点的型号""我不打算投资那么多，我只使用很短时间""在这些方面你们的价格不合理"以及"我想等降价再买"等。

（五）产品异议

指顾客认为产品本身不能满足自己的需要而形成的一种反对意见。例如："我不喜欢这种颜色""这个产品造型太古板""新产品质量都不太稳定"，还有对产品的设计、

功能、结构、样式、型号等提出异议。

（六）货源异议

指顾客认为不应该向有关公司的推销人员购买产品的一种反对意见。例如："我用的是某某公司的产品""我们有固定的进货渠道""买国有企业的商品才放心"等。

（七）购买时间异议

指顾客有意拖延购买时间的异议。顾客总是不愿马上做出决定。事实上，许多顾客用拖延来代替说"不"。"让我再想一想，过几天答复你""我们需要研究研究，有消息再通知你"以及"把材料留下，以后答复你"等。

（八）推销人员异议

指顾客认为不应该向某个推销人员购买推销产品的异议。有些顾客不肯买推销产品，只是因为他不喜欢这个推销人员，不愿让其接近，也排斥此推销人员的建议。但顾客肯接受自认为合适的其他人员。比如："我要买老王的""对不起，请贵公司另派一名推销人员来"等。

三、顾客异议产生的原因

顾客异议产生的原因很多，有来自顾客、推销品、推销人员、企业、推销环境等多方面。了解异议产生的可能原因，才能有效化解异议。主要有以下四方面的原因：

（一）顾客方面的原因

主要体现在顾客本能的自我保护、顾客对商品不了解、顾客缺乏足够的购买力、顾客已有较稳定的采购渠道、顾客的决策有限、顾客情绪不好，心境不良，对推销活动提不起兴趣等。

（二）推销品方面的原因

主要指顾客围绕推销品所提出的异议，如推销品的质量、价格、形式、效能、品牌、包装及销售服务等。

（三）推销人员方面的原因

主要有推销人员自身形象不佳，服务态度不好，行为举止、礼貌礼节等引起顾客反感；推销人员夸大事实或不正确描述，推销人员使用过多专业术语、没有找到客户的真实需求不能引起顾客的购买兴趣，从而产生顾客异议。

（四）企业方面的原因

认为企业形象欠佳、企业知名度不高等提出异议。

四、顾客异议处理的原则

推销人员面对顾客提出的异议，既不能回避，又不能与顾客发生争执，而要遵循处理顾客异议的基本准则。

（一）换位思考、理解尊重

虽然顾客提出的异议不一定都是合理的，但作为一名推销员，必须始终坚守"顾客就是上帝"的经营理念，理解和重视顾客对商品提出的质疑。推销员不能急于打断、否定、指责顾客提出的异议，更不能顶撞顾客，而是要站在顾客的角度换位思考，把顾客的利益当成自己的利益，站在顾客的立场上看待他们提出的异议。对于一些比较情绪化的顾客，不要被他们富有攻击性的语言所激怒，而要始终保持内心的平静与克制，以宽容的态度接待他们，面部始终保持微笑，语言始终保持平和。

（二）耐心倾听、分析原因

顾客提出的异议多种多样，有真实的也有虚假的，有合理的也有不合理的。推销员要耐心地倾听顾客提出的异议，倾听过程中不能反驳和争辩，但也不要轻信，可以适时地进行提问，了解顾客异议的具体细节，并加以分析弄清顾客的真实想法，再运用推销技巧说服顾客，转变顾客的观念，让顾客逐步接受并最终购买商品。

（三）真诚合作，热情服务

当顾客提出异议时，推销人员首先要表露出真诚的态度，即真诚倾听，耐心讲解，而且还要用实际行动，即提供优质的全方位的服务表现出真诚合作的态度。

（四）把握时机、适时处理

选择适宜的时机答复顾客的异议是非常重要的。根据顾客提出异议的不同用意，推销员可以选择提前回答、立即回答和延后回答这三种方式。

（1）提前回答。当顾客还没提出异议时推销员就进行回答，适合于顾客的用意很明显而推销员不愿意进行过多的解释。例如，很多顾客购买商品都有还价的习惯，但推销员不愿意降价，推销员就会提前告知顾客，我们从不乱喊价，已经是很低的价格，都是一口价，不还价。

（2）立即回答。顾客一旦提出异议，推销员如果能当场回答一定要立即回答，让顾客尽快了解商品信息，化解顾客的担忧和质疑，同时又让顾客感觉被重视，从而促进顾客能够迅速做出购买决定。

（3）延后回答。遇到以下几种情况，推销员无法当场回答，而要采用延时回答的方式处理顾客异议。

①需要请示上级。推销员面对一些超越职责权限的异议，需要请示上级才能做出回答。例如，某位顾客认为自己是老顾客和大客户，要求推销员给出超低的商品价格。推销员不好直接回绝，可以对顾客说，我没有这个权力，我要请示一下我们经理。等请示了经理之后才能给您答复。

②不了解情况。推销员面对由于不了解情况而无法现场回答的异议，需要了解情况后再回答。例如，顾客看中了一款衣服却断货了。推销员可以对顾客说，您可以留下联系方式，我了解一下其他店有没有货，能不能调货过来？有的话，就给您快递过去。

③现场不方便回答。对于一些不方便现场回答的异议，推销员也应当选择延后回答。例如，某家具店有很多顾客都在询问家具的价格。其中一位顾客问推销员，能不能以四折的价格卖给我？推销员不好当面回答，因为一旦答应了，其他消费者都会提出四折的要求。于是，推销员对顾客说，您留个联系方式，我晚点再回答你。

五、常见顾客异议的处理

（一）价格异议的处理

价格问题是顾客购买商品时关心的最直接、最敏感的经济因素。推销员要合理处理价格异议，消除顾客对商品价格的疑虑。

1. 耐心倾听，分析原因

不同的顾客产生价格异议的原因也不一样，主要有以下几种：

（1）习惯性讨价还价，以寻求心理上的满足。

（2）希望少付点钱，以缓解经济压力。

（3）希望能获得额外的利益，如额外赠送、免费送货等。

（4）认为商品的价格超过商品价值，希望能以更低的价格购买商品。

当顾客对价格提出异议时，推销员不能因为顾客要求降低价格而怠慢或轻蔑顾客，认为顾客买不起商品，而要耐心仔细倾听顾客对价格产生异议的具体原因，询问顾客对商品价格的意见和建议，以便有针对性地说服顾客。

2. 淡化价格，强调价值

当顾客总是抱怨商品价格过高时，推销员一方面要巧妙地运用推销技巧淡化商品的价格，让顾客感觉商品价格似乎没那么高；另一方面，将话题转移到商品价值上，让消费者感觉商品价值与价格是匹配的。

（1）说明原因，强调特色。当推销员听到顾客对商品价格的抱怨，不要直接否定或排斥，而是要向顾客对商品的性能、质量等进行说明，强调与其他商品对比的优势和特色，向顾客解释商品价格高的原因，让顾客感觉物有所值。例如，顾客质疑酒店的房价比其他酒店的价格要贵。酒店经理可以突出酒店的地理位置和星级服务为亮点向顾客说明原因。

（2）强调相对价格。消费者可以将商品的实际价格和商品带来的实际功效联系起来，让顾客关注商品的相对价格，让消费者觉得虽然一次性支付的价格较贵，但总体下来还是比较划算。

3. 满足顾客心理

对于追求实惠的消费者，推销人员可以用"成本价""出厂价"来满足他们求廉的心理。对于购买力较强的消费者，推销人员可以用商品的高价能够彰显顾客的身份和地位，满足他们炫耀的心理。

价格异议的处理技巧详见表8-10。

表8-1 价格异议处理技巧

异议成因	处理技巧	举例
顾客支付能力	若经济状况差，放弃；若暂时资金紧张，建议采取其他支付方式	顾客：价格太贵 推销员：您能接受的价格是多少
与同类产品价格比较	强调产品优势，一分钱一分货	顾客：这件衣服太贵了，我朋友买得比它便宜 推销员：这是名牌，面料、做工都是国内一流的，您这身材穿上它更潇洒
与竞争者相比	强调公司优质的服务和提供更多承诺	顾客：别人的价格比你们低 推销员：哦，有这可能，如果我们不提供这些特殊服务的话
对推销品误解认为不值	强调物有所值	顾客：这种产品根本不值这么多钱 推销员：是的，它用料不多，但很费工，让我们看看它的生产工艺吧

【小故事】小贤是一家服装店的导购员。一位女士看中了一条裙子，但觉得价格太贵。

顾客："这条裙子很适合我，就是价格太贵了，一件的价格可以买两件别的衣服了。"

小贤："我们的品牌是这个卖场里档次最高的，质量也是最好的。一般的衣服穿一年就要换了，我们的衣服至少可以穿三年以上，三年内您都不用再买别的衣服。其实，您还赚到了。"

小贤很好地向顾客介绍了商品的特色和优势，淡化了商品的价格，让顾客感觉价格虽然贵，但物有所值。

（二）质量异议的处理

质量异议在推销过程中也十分常见。顾客总是希望购买那些质量好的商品。推销员要运用推销技巧让顾客确信商品不仅可以放心使用，并且使用之后能够达到预想的效果。

1. 辨明真伪

推销员要十分熟悉商品的质量，还要具备优秀的业务能力，能够从顾客的言行举止中分辨顾客对商品质量异议的真实性，掌握推销过程的主动权，不能一味地被顾客牵着鼻子走。如果顾客的确是对产品质量存在质疑，推销员要积极主动为顾客解答。而如果顾客是为了某种利益故意歪曲事实，推销员要郑重说明商品没有质量问题。

2. 出示证明材料

推销员可以向顾客直接出示与产品质量有关的证明，如 ISO 质量认证、商品合格证等，让顾客对商品使用的安全性和稳定性树立信心。

3. 用数据说话

推销员还可以把商品的销售情况和顾客使用后的满意度等相关数据告诉顾客，用数据来说服顾客，打消顾客质疑。例如，推销员可以跟顾客说，我们的商品一天要卖出去好几十台，从来没收到过投诉，市场反响非常好。

4. 引用实例

顾客如果对商品使用后的效果产生怀疑，推销员还可以引用身边的实例进行说服。例如，顾客怀疑减肥产品的效果，推销员可以引用身边减肥成功的例子，我的一位客户用了我们的产品，在短短一个月内就减了几斤。

【小故事】小光是一家皮具店的导购员。一位男士看中了一条皮带，但对皮带的质量有所怀疑。

顾客："你们的皮带颜色挺好看的，就是表面为什么皱皱的，这样看上去皮带黏胶的部分会不会裂开啊？"

小光："哦，这样啊，关于这点您可以放心，您看到的表面皱皱的感觉是它天然的皮质肌理。我们的皮质都是采用上好的纳帕牛皮做的，它的皮质非常柔软，束在腰间没有紧缚感，您可以试着束一下。关于这个黏胶的开裂，所有买过我们皮带的客人还从来没有因为这个原因而产生退换货的，而且我们是大公司、老品牌，质量都是有保证的，您可以放心。"

小光用专业知识解释顾客提出的产品质量问题，也通过反馈其他购买顾客的使用情况很好地打消了顾客疑虑。

（三）需求异议的处理

实际上，顾客的需求异议大多数是由于思想观念、生活习惯以及对自身存在的需求缺乏认识等方面因素造成的。因此对于以"不需要"为理由拒绝的顾客，推销员首先要认可消费者的立场，对于不了解商品的消费者的确很难产生购买的兴趣和需要。接下来请求顾客给自己机会对商品进行详细的介绍，帮助顾客转变观念，提高认识，创造顾客的需求，从而制造更多的销售机会，具体做法是：

1. 投其所好

不同的顾客有不同的爱好，一个成功的推销员就要善于把握其目标顾客的喜好，有针对性地进行产品推销。

2. 供其所需

有需求就有市场，无论新老产品，有无创意，只有顾客目前有确切的需求，他才有可能接受推销员推销的产品。

3. 激其所欲

人的需要是可以激发出来的。推销员在适当的情景下使用某些适宜的词汇，有助于激发人的需要，诱导人产生拥有某种产品的强烈欲望，打动顾客的心。

4. 释其所疑

强化和完善商品包装、标志和使用说明的设计，提供详尽、易懂的商品信息，让顾客买得明白，用得放心。

【小故事】顾客："我的钱放在银行安全稳定，没必要拿来弄这些。"

保险业务员："银行储蓄和购买这款产品是不冲突的。银行储蓄收益，解决的是我们日常衣食住行的问题，而我们保险解决的是长期的问题，比如教育金、养老金和医疗金等的问题。您只要挪一部分钱来做我们这个计划，就能提前准备一部分钱来解决教育金、养老金等的问题。您看，如果从长远的角度，给您的小孩设计一份教育金，挺好的。我是建议您做一个合理配置。"

顾客："我孩子上大学的钱，我都准备好了，不需要通过你们的产品来准备教育金。"

保险业务员："我知道您家里的资产足够您自己用，也足够供孩子上大学的费用了，但是您依然在努力地工作，所以每个人实际上还是希望多赚一点钱的。那现在再提前准备一笔钱，未来有需要的时候能从容些，也不是件坏事。"

（四）财力异议的处理

在销售过程中，顾客提出财力服务异议，大多数情况下表明顾客对商品存在需求，有购买欲望，只是在支付能力上有困难。推销人员应根据具体情况，站在顾客立场上为顾客出谋划策，只要解决了困难，顾客一般是会购买的。

1. 降低顾客的需求欲望

针对顾客的心理特征和实际情况，帮助顾客认清自己的需求情况及经济条件，适当地降低顾客的需求欲望，使其与自己的支付能力相符合，帮助顾客树立正确的消费观念，抛弃那些不切实际的消费观。当然，一定注意不要伤害顾客自尊心。

2. 合理建议

推销人员可以通过建议顾客减少购买量或分期分批购买商品的办法来解决支付能力不足的问题，缓解支付压力。

3. 分期付款

假如顾客不愿意降低需求欲望或即使降低了需求欲望仍然解决不了顾客购买财力的实际问题，并且顾客一次性支付货款又确实有困难的，只要顾客有稳定的收入保证，在这种情况下建议采取分期付款法。

【小故事】顾客："今年我的股票行情不好，钱都被套到股市了，现在到谷底了，需要补仓，而保险什么时候买都行。"

保险业务员："我理解您的想法。在去年股市的大起大落中相信您也可以感觉到股市的风险。股市属于高收益高风险，是资产配置中的一部分，而保险相当于守门员，也是资产配置必不可少的一部分。财富最大的魅力在于积累，保险就是这样，不仅可以保障您的资产安全，同时可以起到盘活资金的作用，在人生不同阶段配置不同的保险，可以让您后顾无忧。如果您打算拿 30 万元去补仓，我建议您可以拿出其中 5 万元去购买赢越人生产品，降低股票的风险，让您的资产配置更合理，您觉得呢？"

（五）货源异议的处理（表 8-2）

表 8-2　货源异议的处理

异议	处理技巧	举例
公司太小（对产品不信任）、新公司	举例证明自己的实力 要求顾客试用产品 保证质量和赔偿担保承诺 要求顾客参观企业	顾客：我们不和小公司打交道 推销员：我很理解，不过对于我们公司还有什么不放心的？我们的产品绝对没有问题，您看这是……
满足于当前货源	强调你的所有优势 鼓励其试用 保证其会取得更好的货源	顾客：我们对现在的供货很满意 推销员：如果我们的产品（价格或服务或利润）优于您目前使用的产品，我想您会考虑改用品牌，至少试用一下，是吧？
希望参考其他公司产品	表示理解并提供帮助 向他介绍同行产品情况，得出自己的产品优于同行的结论	顾客：我们看看其他公司的产品再说 推销员：我能理解，我这有一份同行业其他公司的产品介绍，您需要了解什么？
强调交货时间	提供比竞争对手更快交货的理由和事实 书面保证按时交货 不要做办不到的承诺，若不能按顾客要求时间交货，则强调你重视信誉和质量	顾客：某公司可以提前两个月交货 推销员：是的，晚交货会给您带来一定的损失，但是，如果质量达不到要求，会给您带来多大的损失呢？我们得保证质量，这也是您买我们产品的理由对吧！

（六）服务异议的处理

优质的服务也是促成顾客购买的重要因素。顾客不仅关注商品的价格和质量，还重视与产品销售相关的一系列服务，包括售前的咨询、售中的试用和售后的安装、维修等。推销员要做好服务的每一个环节，让顾客从内心深处对服务感到满意。

1. 态度诚恳，及时跟进

当顾客对服务提出质疑时，推销员要立即向顾客诚恳道歉，对给顾客造成的困扰深表歉意，并诚恳地说明原因。同时，向顾客做出表示会立即跟进，让顾客放心。

2. 主动询问，服务热情

面对顾客不论其是否具有强烈的购买意愿，推销员都应当表现得十分热情。推销员要主动向顾客问好，欢迎顾客光临，询问顾客是否需要详细了解商品。对于有需要详细了解的顾客，推销员应当为顾客提供安静舒适的环境。

3. 细心指导，宽容大度

对于购买意向比较明确的顾客，推销员要细心指导商品如何使用和如何保养，甚至要亲身示范或者让顾客亲自体验。如果顾客最终没有购买，推销员不能因为花费了时间精力而向顾客抱怨，应当表现得宽容大度。

4. 提供指引，消除疑虑

推销员要为顾客提供与售后服务有关的联系方式，介绍售后服务的操作流程和具体细节，让顾客对售后服务有清晰的认识，消除顾客对售后服务的疑虑。

（七）其他异议的处理

1. 时间异议：我没空

面对以"我没空"为理由拒绝的顾客，推销员首先要赞扬消费者是"繁忙的成功人士"，并尽快承诺只需要很短的时间，不会浪费消费者宝贵的时间。如果对方还是拒绝，推销员应尽快争取预约下次会面时间。

2. 决策异议：我做不了主

如果消费者以"我做不了主"为理由拒绝购买，推销员应当"以退为进"，给予顾客时间和空间，让顾客和能做决策的人商量再决定是否购买，同时表示非常愿意和对方会面详谈。

六、顾客异议处理的一般方法

1. 真诚倾听法

真诚倾听法是指推销人员处理顾客异议时，全神贯注、认真倾听，适时地做些引导，听完顾客的异议后再诚恳地解答顾客的异议。

真诚倾听法的使用技巧：

（1）全神贯注。不论顾客说些什么，都要认真倾听，让顾客充分表达意见。

（2）讲究礼仪。眼神要注视顾客脸部的下三角区，不要随意打断顾客。

（3）适时地给予反应。当顾客谈到某些观点时，要适时地点头，肯定顾客的观点，让顾客感到被尊重和认可。

【小故事】小强是一家保险公司的业务员。小强的一位客户发生了交通事故，保险公司拒绝赔付，找到小强投诉。

顾客："我上个月买的意外险，这个月车子发生事故，为什么不给理赔？"

小强："您能把您发生车祸的整个过程详细地告诉我吗？"

顾客："我把事故现场都拍下来了，还有交警的笔录。"

小强："您很细心，您的做法很正确。"

顾客："那为什么不给我理赔呢？"

小强："我能理解您的心情。发生这样的意外，谁都不愿意看到。您上次购买的保险是意外伤害险，对人身造成伤害才能理赔。您人没事，这不是万幸吗？"

小强耐心地听完顾客对整个过程的描述，显示了对顾客的尊重。同时，还适时地对顾客的行为进行赞扬和理解，很好地化解了顾客心中的不满情绪。

2. 化整为零法

化整为零法是将商品一次性支付的价格分解到每月、每日或者每个阶段的支出，以凸显商品的"相对价格"较小，同时结合商品给顾客带来的价值以消除顾客异议的方法。

化整为零法的使用技巧：①化整为零法通常适用于价格高的耐用消费品；②要给消费者计算出具体的数字，让顾客感觉并不贵；③强调商品的价值，让顾客觉得物超所值。

【小故事】菲菲是一家健身中心的推销员。有一个客户想办一张年卡，但对于年卡的价格存在异议。

顾客："您这里的健身设备都很齐全，环境也挺好，就是这个年卡的价格太贵了，要 2500 元一张。"

菲菲："其实一点儿都不贵。一张卡可以用一年，每天 10 元钱都不到。10 元钱就能让您每天使用这么齐全的健身设备，享受这么好的健身环境，一个字'值'。"

菲菲将健身卡一年的费用分摊到每一天，让顾客瞬间感觉价格其实并不贵。同时，还强调了健身房的设施和环境，更容易化解顾客对价格的不满。

3. 肯定否定法

肯定否定法是指推销员在处理顾客异议时，先肯定顾客的观点，表示对顾客的同情和理解，再用委婉的语气陈述自己不同的观点，避免顾客产生抵触的情绪，以达到消除顾客异议的目的。

肯定否定法的使用技巧：①站在顾客的立场理解顾客提出的异议，让顾客感觉被尊重和同情；②否定顾客的观点时要尽量用委婉的语气，避免加重顾客的不满情绪。

【小故事】小凤是某化妆品公司的推销员。一位顾客使用了该化妆品后皮肤过敏，前来要求赔偿。

顾客："我前两天买了你们的化妆品，现在我的皮肤过敏严重，肯定是你们的化妆品有问题，必须给我退货，并赔偿我的损失。"

小凤:"您使用了我们的化妆品导致您皮肤过敏,对此我们深表歉意。但是,我们的化妆品质量绝对没有问题,可能是您的皮肤敏感度比较高,还没有适应我们的产品。"

小凤首先对顾客的遭遇表示了同情并致歉,能够很好地缓解了顾客的不满情绪。同时,对顾客提出的质量问题进行了委婉的否定,尽可能不引起顾客的不满情绪。

4. 优点补偿法

优点补偿法是指推销员在承认顾客提出异议具有合理性的基础上,通过宣传商品的其他优点来弥补商品的劣势。

优点补偿法的使用技巧:①没有十全十美的商品,向顾客坦诚商品的不足;②及时向顾客宣传商品的其他优势,让顾客觉得商品的优势可以弥补商品的不足,利大于弊。

【小故事】房地产销售员莉莉带顾客去看房。该楼盘毗邻马路,噪声比较大,灰尘也比较多。

顾客:"房子离马路这么近,晚上怎么睡,灰尘又很多。"

莉莉:"噪声和灰尘肯定会相对多一点。但是,房子的采光性能很好,白天光线很充足,况且这里是繁华地段,交通很方便,升值空间很大。"

莉莉首先承认了房子的缺陷,然后立即将话题转移到房子具有的优势上,淡化了顾客的质疑,容易获得顾客的肯定。

5. 举例说明法

举例说明法是推销员通过列举使用过商品的典型案例来说服顾客,消除顾客异议的方法。

举例说明法的使用技巧:①选择的实例要实事求是,不能弄虚作假,最好能给顾客带来直观的感受;②选择的实例和顾客的实际情况要有可比性,才能激发顾客的购买欲望。

【小故事】小郭是一家美容院的推销员,负责向顾客推销美容产品。有一天,她在某小区派发美容院的宣传单,看到一位年近五十岁的女士迎面走来。

小郭:"您好!××美容院正在搞活动,欢迎您抽空来咨询。"

顾客:"我都这把年纪了,不需要购买什么美容产品。"

小郭:"您可千万别这么认为。我们店的老板娘都六十多岁了,很注意保养,看起来不到四十岁。如果您不相信,就到我们店里来看看。女人千万不能亏待自己。"

当顾客认为自己没有必要购买美容产品时,小郭列举了美容店老板娘的实例激发顾客的购买欲望,能够有效化解顾客对美容产品的异议。

6. 处理顾客异议的其他方法

(1)预防法。预防法是指推销人员预知顾客将要提出特定的反对意见,在顾客尚未主动提出之前主动抢先替顾客提出的一种处理方法。在推销活动中,有些顾客提出的各种公开的异议只是拒绝的一种借口，而隐藏在内心深处的秘密异议才是成交的真正障碍。在这种情况下，推销人员可以通过预防处理法抢先提出顾客实际上存在的购买异议，先发制人，排除成交障碍。

（2）忽视法。忽视法对于顾客的一些不影响成交的反对意见，推销人员最好不要反驳，推销人员只要面带微笑地同意其意见就够了。

【任务实施】

步骤一：正确认识顾客为什么会发出异议

顾客购物时最主要的顾虑和困惑是想知道自己是否真的需要或急需的商品，想知道是否真的符合或满足自己的需求，想知道商品是如何满足她的需求的，想知道商品是否真的物有所值。

顾客提出的异议	顾客真实的想法
这个衣服太紧了，再宽松一点就好了 这个穿起来太成熟了，显得老气 我确实喜欢这个款，但我的同事也买了一套，而且还在同一个办公室 这款衣服还不错，等下次我带朋友过来看后再决定吧！	我可能需要你的产品，不过我需要更多的信息，如果你能说服我，我就买 我喜欢它，但我拿不准，有些担心。我需要花时间想一下不买的理由 我想要一个，但我需要确信我能买到最好的。让我好好想一想

所以小花应当针对顾客异议的深层原因给予针对性的解答——始终论证顾客需要商品，论证商品符合顾客的需求，论证商品物有所值。

步骤二：顾客异议处理的具体策略

序号	顾客异议	推销员处理话术
1	这个衣服太紧了，再宽松一点就好了	是的，我们这款的设计确实是稍微贴身一点，不过您的身材好，所以穿起来更显时尚。再加上我们的面料都是特别挑选的，弹性好，您穿过几次就习惯了。我们上个月就有一个老顾客，她一开始和您一样习惯穿稍微宽松一点的衣服，现在叫她穿宽松点她还不喜欢了
2	这个穿起来太成熟了，显得老气	是的，这款的确略显成熟，不过在办公场合穿会显得您比较职业化和稳重
3	我确实喜欢这个款，但我的同事也买了一套，而且还在同一个办公室	我们这款衣服的确卖得很好，很多人都喜欢。当然两个人穿同样的衣服每天都见面的确尴尬，不过这件衣服还有其他类似的款式，我觉得不管颜色和花色也都很适合您，而且风格也很接近，您可以试穿一下，看看感觉如何
4	这款衣服还不错，等下次我带朋友过来看后再决定吧！	那好吧，只是我担心您下次来的时候不知道还有没有这款了，因为这款卖得挺火爆的，很多码数已经剩下不多了。上次有个顾客看上了一款，晚来了两天，结果没有了，调货也调不到，害她懊恼了好久，搞得我们也很不好意思。您要是喜欢，我建议您还是今天拿，而且现在还有促销优惠

【实战训练】

活动一：角色扮演

【演练目的】

通过模拟训练，掌握处理顾客异议技巧，针对不同的异议，灵活运用不同的方法和策略。

【演练内容与步骤】

（1）选择一个虚构的产品（可以是服装、家用电器、日用百货等），让学生针对一个虚构产品在纸条上写出各种异议（不少于五种）并把它们放在盒子里面。

（2）由一名学生扮演推销员，一名学生扮演顾客，从盒子中取出写有反对意见的纸条，准备5分钟，进行模拟表演，要求通过对话处理顾客异议。

（3）其他同学进行观察并做好点评。

活动二：销售现场观摩

到本地商场、超市、专卖店的销售现场，观摩导购人员是如何解答顾客异议的。请写出整个过程，并谈谈导购人员的哪些做法是值得学习的，哪些做法不可取。

现场观摩活动表

现场记录
门店推销员遇到的异议有哪些？请全部汇总并记录处理的方法。
评价
门店推销员的处理异议的方法能让客人满意吗？
心得体会
姓名：_____ 日期：_____

【理论练习】

一、填空题

1. 有些顾客对推销员产生心理上的不信任和拒绝，说明他们对推销员具有_____心理。

2. 消费者对推销商品产生_____异议的原因是担心商品物非所值。

3. 当面对顾客提出的质疑时，推销员要站在顾客的角度_____。

4. 当顾客对商品价格抱怨时，推销员要强调与其他商品对比的_____和_____。

5. 当顾客对服务提出质疑时，推销员要立即向顾客_____。

6. _____法是将商品一次性支付的价格分解到每月、每日或者每个阶段的支出。

7. _____法是指推销员在承认顾客提出异议具有合理性的基础上，通过宣传商品的其他优点来弥补商品的劣势。

8. _____法是指推销员先肯定顾客的观点，再陈述自己不同的观点。

二、单选题

1. 推销人员在推销过程中，顾客用语言或行动打断推销人员的介绍或改变话题，以表示怀疑或否定，甚至是反对意见的一种反应是（　　）。

A. 推销接近　　B. 推销洽谈　　C. 顾客异议　　D. 异议处理

2. 推销人员将购买商品的总支出分解为每日支出，并突出顾客支出虽较小，但可获得较大的利益的方法是（　　）。

A. 逐日核算法　　B. 利益补偿法　　C. 问题引导法　　D. 肯定否定法

3. 顾客："这种款式童装我很喜欢，可惜布料太薄了，现在的孩子都很淘气，这种衣服恐怕穿不了多久。"推销员："看到这套服装的顾客都担心它不经穿。这种布料看上去很薄，其实它是用一种高级纤维织成的，穿在身上轻飘、凉爽，但耐磨力和抗拉力都相当好。顾客知道它的优点是会喜欢的。"推销人员处理该异议采用的是（　　）。

A. 逐日核算法　　B. 优点补偿法　　C. 问题引导法　　D. 肯定否定法

4. 顾客："这楼房附近还有个工厂，会有噪声吧？"推销员："是啊，这房子美中不足正是离木材加工厂近了点，这也正是我们这么好的房子为什么卖这么便宜的原因。您看，这房子坐落的地点，四通八达，出行便利。"推销人员处理该异议采用的是（　　）。

A. 逐日核算法　　B. 优点补偿法　　C. 问题引导法　　D. 肯定否定法

5. 顾客："我都没有听说过你们的产品，不知道有没有问题。"推销员："我厂的产品可是国家免检产品，您看这是产品鉴定证书、获奖证书、营业执照……对这样的产品，您不应再有什么疑问了吧！"推销人员处理该异议采用的是（　　）。

A. 真诚倾听法　　B. 举例说明法　　C. 问题引导法　　D. 肯定否定法

6. 顾客："你们的产品价格不贵，不过，我们现在还是不想买。"推销员："您认为价格合适，为什么现在不买呢？"推销人员处理该异议采用的是（　　）。

A. 逐日核算法　　B. 优点补偿法　　C. 问题引导法　　D. 肯定否定法

7. 顾客异议是成交的障碍，但它也表达了这样一种信号，即顾客对推销品（　　）。

A. 愿意购买　　B. 不满意　　C. 产生兴趣　　D. 没有兴趣

8. "很抱歉，我们预算中没有此项购买计划。"这属于顾客哪方面的异议（　　）

A. 时间异议　　　　　　　　B. 财力异议

C. 货源异议　　　　　　　　D. 权力异议

9. 下面哪一项不属于顾客方面产生异议的原因（　　）。

A. 对商品不了解　　　　　　B. 排斥心理

C. 价格因素　　　　　　　　　　　　D. 缺乏购买力

10. 下面哪一项不属于推销商品方面产生异议的原因（　　　）。

A. 商品价格　　　　　　　　　　　　B. 商品质量

C. 商品品牌　　　　　　　　　　　　D. 顾客不了解

11. 下面哪一项不属于处理顾客异议的原则（　　　）。

A. 换位思考　　　　　　　　　　　　B. 据理力争

C. 耐心倾听　　　　　　　　　　　　D. 信誉至上

12. 关于服务异议，下面说法错误的是（　　　）。

A. 推销员要主动热情地接待顾客，为顾客提供咨询

B. 推销员向顾客细心指导如何使用商品后，顾客仍然拒绝购买，推销员应当据理力争

C. 推销员让顾客对售后服务有清晰的认识，消除顾客对售后服务的疑虑

D. 顾客对服务提出质疑时，推销员要立即向顾客诚恳道歉

13. 关于肯定否定法，下列说法错误的是（　　　）。

A. 理解和同情顾客提出的异议

B. 用委婉的语气陈述自己不同的观点

C. 理直气壮地告知顾客自己不同的观点

D. 尽量避免顾客产生抵触的情绪

14. 关于化整为零法，说法错误的是（　　　）。

A. 化整为零法通常适用于价格高的耐用消费品

B. 化整为零法通常适用于价格低的日用品

C. 要给消费者计算出具体的数字

D. 强调商品的价值，让顾客觉得物超所值

15. 顾客说："啊，你原来是××公司的推销员，你们公司周围的环境可真差，交通也不方便呀！""先生，请您看看产品……"推销人员处理该异议采用的是（　　　）。

A. 真诚倾听法　　　B. 举例说明法　　　C. 装聋作哑法　　　D. 肯定否定法

三、多选题

1. 顾客产生异议的原因在于（　　　）。

A. 顾客自我的保护　　　　　　　　　B. 对产品不了解

C. 推销人员素质低、能力差　　　　　D. 企业缺乏知名度，形象差

2. 下列关于推销人员对待顾客异议的态度说法正确的有（　　　）。

A. 应把顾客异议看成一种正常现象

B. 顾客异议对推销人员来说是一种挑战

C. 推销人员应欢迎异议

D. 异议的产生说明推销失败

3. 处理顾客异议的原则有（　　　）。

A. 面带微笑　　　　　　　　　　　　B. 永不争辩

C. 站在顾客立场想问题　　　　　　　D. 多听多问

4. 处理顾客的价格异议的时候要（　　）。

A. 了解顾客的真正需求　　　　　　　　B. 引导顾客注重考虑商品的价值

C. 暂且退避　　　　　　　　　　　　　D. 让价的同时，向顾客强调优点

5. 以下属于顾客提出的时间异议的是（　　）。

A. 对不起，我很忙

B. 我们和××公司是多年的合作伙伴了

C. 我没有时间

D. 我们现在还不需要进货，等下个月吧

四、判断题

1. 顾客异议就是顾客否定推销员的推销。（　　）

2. 尊重顾客，永不争辩是推销人员无条件、完全接受顾客的意见。（　　）

3. 顾客提出异议越多说明他越有购买意向。（　　）

4. 顾客提出异议后推销人员必须立即给予全面回答。（　　）

5. 推销人员先肯定顾客异议，再巧妙陈述自己的观点，会让顾客获得心理满足，从而利于推销成功。（　　）

五、简答题

1. "我们和××公司是多年的合作伙伴了"，对于顾客提出的这种异议，如果你是推销人员，碰到这种情况，你会怎么处理？

_____

_____

2. "××公司的产品价格比你们的要便宜"，对于顾客提出的这种异议，如果你是推销人员，你会如何处理？

_____

_____

3. 根据所给出的异议处理方法完成下列对话

（1）顾客："这个皮包的设计、颜色都非常好，可惜皮料不是很好。"

请用优点补偿法来处理该异议。

推销人员：_____

_____。

（2）顾客："这套化妆品价格太贵了。"

请用逐日核算法来处理该异议。

推销人员：_____

_____。

任务评价

序号	评价标准	分值（100分）	得分
	小组评价	共40分	
1	出勤情况	5	
2	态度与纪律情况	5	
3	参与讨论情况	10	
4	小组展示情况	10	
5	团队合作情况	10	
	个人评价	共60分	
6	能准确判定顾客异议的类型	10	
7	处理顾客异议时持有的态度正确	15	
8	处理顾客异议的时机恰当	15	
9	处理顾客异议的方法运用得当	20	
	合计		

任务九　促成交易

【学习目标】

1. 了解影响交易成交的诸因素、成交的条件。
2. 掌握成交的方法和策略。
3. 能及时发现顾客的成交信号。
4. 能灵活运用成交策略技巧方法来促成交易。
5. 能辨析成交失败的原因。

【任务描述】

　　张琪是装饰材料市场里某品牌复合地板的一位营业员。当前复合地板的品牌很多，这个材料市场就有几十个，她所销售品牌的产品价格比其他产品要高一些，原因是使用了一种较高档的环保胶。档次差不多的产品就有十几家同时销售，质量相差不多，功能也相似，但价格比她略低些，这样就使得这些营业员之间的竞争分外激烈。有一天，一对穿着入时、样子比较精明的中年夫妇来挑选复合地板。他们很有耐心，同档次的产品已经看过七八家了，在每一个摊位前都很认真地听推销员进行产品介绍，并认真地提出有关质量、服务等问题，但就是不确定选哪一个。这夫妇二人到旁边摊位时，张琪隐隐约约听到他们讲此行的目的，除了自己家装修使用外，还要帮助好几个要装修的朋友对复合地板进行考察，确定一个比较合适的品牌，采购的量比较大，因此格外慎重。张琪这才弄清楚，前边的同行为什么这么卖力气地介绍自己的产品，原来这是一个大买主。张琪旁边摊位的同行口才很好，业务也精，对产品的功能、质量非常熟悉，已经滔滔不绝地讲了半个多小时了，诸如产品耐磨、不怕水、花纹自然、适合地板采暖、永不变形、实行三包等，几乎同档次产品的优点讲得淋漓尽致。顾客依然没有决定购买的意思。张琪看在眼里，心中暗自盘算，自己怎么才能拉住这个客户，做成这笔交易呢？

【案例分享】

　　克里斯·亨利是一个工业用阀门、密封圈及密封剂的推销员。他正在访问壳牌石油公司的购买者格雷·马斯洛，希望他能使用该牌子的密封制品来防渗漏。克里斯刚和购买者讨论完产品的特色、优点、利益，也说明了公司的营销计划和业务开展计划，他感觉快大功告成了。以下是他们二人的对话：

　　克里斯：让我们来总结我们曾经谈到的。您说过喜欢由于快速修理所节省下来的钱，您也喜欢我们速战速决的反应而节省的时间，最后一点我们的服务实行 3 年担保，是这样吧？

格雷：是的，大概是这样……

克里斯：格雷，我提议带一伙人来这里修理这些阀门渗漏，您看是让我的人星期一来呢还是别的什么时候？

格雷：不用这么快吧！你们的密封产品到底可不可靠？

克里斯：格雷，非常可靠。去年我们为美孚做了同样的服务，至今我们都未因担保而返回修理，您听起来觉得可靠吗？

格雷：我想还行吧。

克里斯：我知道您做出决策时经验丰富，富有专业性，而且您也认同这是一个对你们厂正确的、有益的服务，让我安排一些人来，您觉得是下星期还是两周内？

格雷：克里斯，我还是拿不定主意。

克里斯：一定有什么原因让您至今犹豫不决，您不介意我问吧？

格雷：我不能肯定这是否是一个正确的决策。

克里斯：就是这件事让您烦恼吗？

格雷：是的。

克里斯：只有您自己对自身的决策充满自信，您才可能接受我们的服务，对吧？

格雷：可能是吧！

克里斯：格雷，让我告诉您我们已经达成共识的地方，由于能够节省成本，您喜欢我们的在线修理服务；由于能得到及时的渗漏维修，您喜欢我们快捷的服务回应，而且您也喜欢我们训练有素的服务人员及对服务所做的担保，是这些吧？

格雷：没错。

克里斯：那什么时候着手这项工作呢？

格雷：克里斯，计划看起来很不错，但我这个月没有钱，或许下个月我们才能做这项工作。

克里斯：一点也没问题。格雷，我尊重您在时间上的选择。下个月5号我再来您这里，确定维修工人动身的时间。

【案例剖析】　在推销过程中需要推销人员巧妙地融知识、天赋和才干于一身，还需要推销人员根据不同的环境和所面对的顾客灵活运用多种技巧来满足顾客的需要。所以在面对顾客时，要时刻注意顾客的心理变化和变化趋势才能更准确地抓住成交机会，促成交易达成，使推销活动成功。

【知识点拨】

推销是从拒绝开始的。从事销售活动的人可以说是与拒绝打交道的人，战胜拒绝的人，才是销售成功的人。

一、交易促成的含义

交易促成是指买卖双方以相同且双方均认可的价位达成交易的行为。即做成买卖，交易成功。

二、影响交易促成的因素

（一）顾客的因素（图 9 – 1）

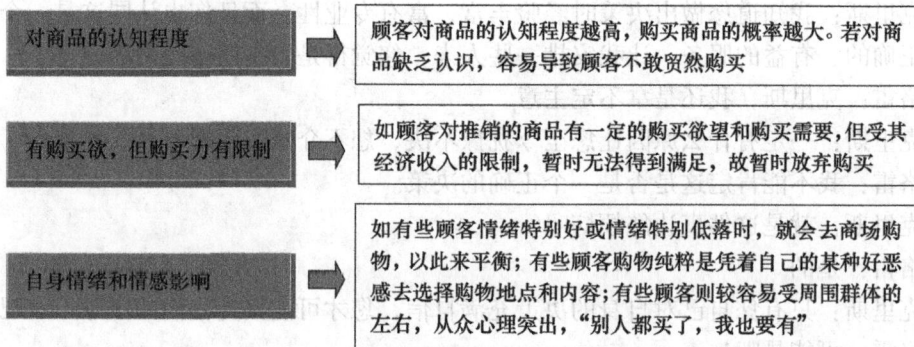

对商品的认知程度	➡	顾客对商品的认知程度越高，购买商品的概率越大。若对商品缺乏认识，容易导致顾客不敢贸然购买
有购买欲，但购买力有限制	➡	如顾客对推销的商品有一定的购买欲望和购买需要，但受其经济收入的限制，暂时无法得到满足，故暂时放弃购买
自身情绪和情感影响	➡	如有些顾客情绪特别好或情绪特别低落时，就会去商场购物，以此来平衡；有些顾客购物纯粹是凭着自己的某种好恶感去选择购物地点和内容；有些顾客则较容易受周围群体的左右，从众心理突出，"别人都买了，我也要有"

图 9 – 1　顾客因素

（二）商品的因素（图 9 – 2）

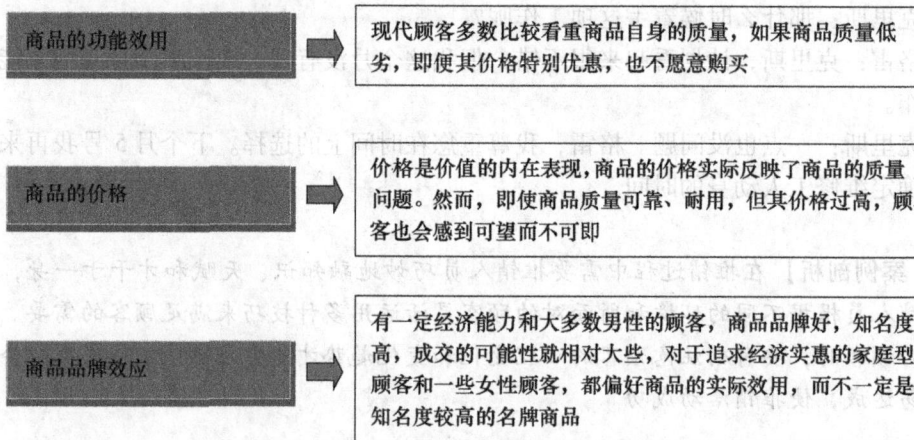

商品的功能效用	➡	现代顾客多数比较看重商品自身的质量，如果商品质量低劣，即便其价格特别优惠，也不愿意购买
商品的价格	➡	价格是价值的内在表现，商品的价格实际反映了商品的质量问题。然而，即使商品质量可靠、耐用，但其价格过高，顾客也会感到可望而不可即
商品品牌效应	➡	有一定经济能力和大多数男性的顾客，商品品牌好，知名度高，成交的可能性就相对大些，对于追求经济实惠的家庭型顾客和一些女性顾客，都偏好商品的实际效用，而不一定是知名度较高的名牌商品

图 9 – 2　商品因素

（三）推销员自身的因素（图 9 – 3）

性格、工作态度	⇨	推销员自身素质对于成交也影响很大， 如性格是内向还是外向，工作态度是热情友善、谦和还是呆板、无表情甚至冷若冰霜等，都是影响成交的重要因素
业务能力	⇨	如果推销员业务能力较强，则对商品的介绍、分析非常合理、科学，让人深信不疑，反之则会给人一个"听不明白"，或"越听越糊涂"，或"听了以后反增加疑虑"的感受，这必然会影响商品的成交机会。如果推销员善于创造一种氛围，有效地诱导顾客，则肯定会给商品多一些成交机会，反之，即使有了成交机会，可能也会丧失

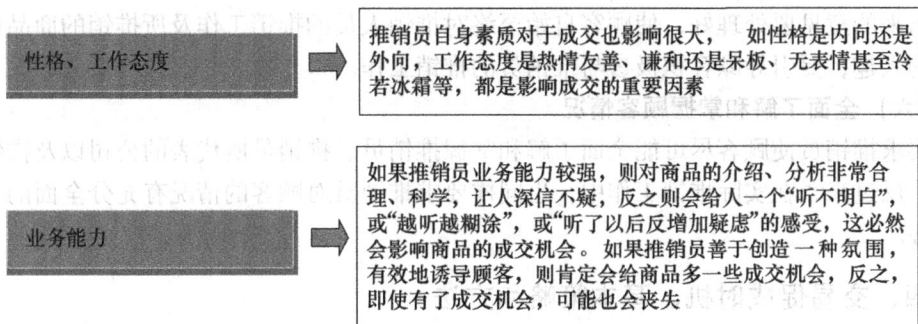

图9-3 推销员自身因素

三、交易促成的基本条件

(一) 让顾客全面了解商品及价格

在实际推销过程中，顾客对商品的了解程度直接决定其购买行为，如果顾客比较熟悉推销员推销的商品，往往会表现出较强的购买热情，或想与推销员沟通的意向，甚至接受推销员的推销建议，反之，他们就会毫不客气地拒绝推销员包括推销员手中的商品。因此，作为推销员，应该主动地向顾客展示自己的商品，主动地介绍商品的各种优势、性能、用途等问题，尽可能消除顾客的疑虑。一句话，根据顾客的不同心理，多给顾客一个了解的时间和机会。

(二) 增强顾客对产品及公司的信任度

顾客对产品或其所在的公司有较强的信任度，成交的可能性会大增，即使是新推出的商品，他们也愿意尝试。反之，如果顾客对推销员以及他们代表的公司没有足够的信心和信赖，即使推销员手中的商品质量再好，价格再优惠，顾客购买商品的要求也会产生动摇、变化。因此，推销员推销商品时，必须取得顾客的信任，这是成交的必要条件。

(三) 增强顾客的购买欲望

根据市场营销学的原理，人类的需要有限，但其欲望却无限，当具有购买能力时，欲望便转化成需求，这就说明市场营销者连同社会上的其他因素，只是影响了人们的欲望，并试图向人们指出何种特定商品可以满足其指定需要，进而使商品更有吸引力，适应顾客的支付能力且使之容易得到，影响需求。因此，作为市场营销者的一员——推销人员，工作重心应放在做好推销说明中的工作，这样才能影响和带动顾客的购买欲望和购买能力的产生。

(四) 鼓励顾客适时做出购买决策

"事在人为"，只要通过努力就有可能改变或影响某一事物的发展和变化。因此，作为推销人员，要等待合适的时机，必要时要想办法制造合适的时机，促使顾客做出购买决策。例如，与顾客的对话达到高潮的时机、重大的节假日等。

(五) 准备好最后阶段的洽谈

作为推销人员，应对推销工作有一个全面的安排方案，根据方案明确自己的工作目标和方向，同时也明确自己下一步的工作规划和要求。尤其是在洽谈的最后阶段，对顾客提出来的意见要处理好，使顾客自始至终对推销人员的推销工作及所推销的商品保持浓厚的兴趣，要引导顾客积极参与推销员的推销工作。

（六）全面了解和掌握顾客情况

要求推销员使顾客尽可能全面了解和掌握推销员、推销员所代表的公司以及推销的商品，反过来，在实际推销工作中，也同样要求推销员对顾客的情况有充分全面的了解和掌握。

四、交易促成时机、基本策略和方法

（一）促成交易的时机

在整个推销过程中，接近顾客、展示推介产品以及排除其他购买障碍等，都是为最后的成交做准备，为了达成最后的交易，推销人员需要付出艰辛的劳动，经过认真反复艰苦的说服，才可能获得成功，因此，每一位推销人员都要把握每一次可能成交的机会，耐心做工作，提高推销效率。

1. 捕捉成交信号

成交信号是顾客对销售员的推销说明和说服做出积极反应，愿意接近推销的产品并已有成交意向的种种行为表现。成交信号是一种行为暗示，推销人员应善于观察、认真分析和判断。比如，当顾客仔细阅读产品说明书等资料时；当顾客提出各种异议，并迫切要求推销人员回答时；当顾客反复端详产品并询问一些具体事项时；当顾客认真听取你的讲解并问及售后服务等问题时等，诸如此类都是顾客所发出的成交信号，我们推销人员一定要紧抓不放，正面积极肯定，同时认真化解顾客所提出的异议，做出圆满答复，直至成交。

2. 成交时机的选择

当顾客发出成交信号后，一定要抓住时机。推销经验表明，顾客的购买欲望会在推销人员的不断推动下逐步提高，成交的最好时机是在购买欲望的兴奋点达到最高时，因此推销人员促成交易时既不能操之过急，也不能迟迟不行动，要善于发现与把握，只有当顾客异议全部得到解决时，顾客给予积极明朗的表示，这才是成交的最好时机。

（二）交易促成的基本策略

1. 保持自然良好的成交态度

交易促成的障碍除了顾客、商品本身及其他外在条件，还有来自于推销人员自身因素。在交易促成的关键期内，如果推销人员表现出不自信、害怕被拒绝而不敢主动提出成交要求，却等待顾客主动，结果就可想而知了。因此，作为推销人员，一定要克服自身的心理障碍，坚定自信心，即坚信自己一定能够说服顾客采取购买行动。另外，还要保持自然沉稳的态度。如果顾客决定购买，推销人员不要过分喜形于色，过分热情；顾客拒绝购买，也不要表现得急躁鲁莽，失望沮丧。推销人员应以自己自然良好的态度去赢得顾客的信任、尊重与支持。

2. 防止意外介入

在成交阶段，最忌意外发生和第三者介入阻挠。一般来说，成交过程中，顾客随时会出现修正、推迟、改变交易的心理和行为，任何意外的发生都可能影响顾客做出购买决定，强化顾客做出修正、推迟、改变成交行为的心理倾向。因此，在这个阶段中，推销人员应排除阻挠，这也是成交阶段的一个重要策略。主要做法有：一是要灵活机动，即不能死抱着一种信念、一种计划，"一棵树上吊死"；二是要随时成交，即根据具体情况随时修正、改变自己的做法，与对方达成交易。

3. 注意成交信号，把握成交时机

一般情况下，顾客不会主动请求购买，因此推销人员要随时留心成交信号，及时把握成交时机。当然，也不可太教条主义，过分重视介绍的完整性，自认为商品介绍还未完，就一直滔滔不绝地讲下去，使顾客听得兴致索然，失去购买热情。另外，要认识到顾客购买激情或交易时机不止会出现一次，失去一次还可能第二次、第三次……推销人员应尝试着反复去实践，不断地试探成交的可能性。

4. 掌握洽谈主动权

掌握洽谈主动权是取得成功的必要条件之一。在成交阶段，顾客随时都有可能修改、推迟、改变购买行为，因此要求推销人员做到：

（1）做好准备工作。要规划好洽谈阶段，做好充分的准备，在知己知彼的情况下，制订完善的洽谈计划。

（2）运用各种方法引导洽谈按既定的轨道前进，千方百计使顾客自始至终顺着自己的思路走，直到达到目的为止。

（3）不要把掌握主动权理解为操纵和控制顾客。推销人员不能有任何强迫的态度和做法要求顾客按你的意志办事，而应当积极引导、鼓励顾客发表观点和提出要求，然后通过对顾客观点和要求做出恰当的反应来操纵和控制主动权。

5. 保留一定的成交余地

任何交易的达成都必须经历一番讨价还价。推销人员在成交之前如果把所有的优惠条件都毫无保留地给顾客，当顾客要求再做让步同意成交时，就会变主动为被动，毫无退让的余地，不利于最后的成交。因此，推销人员应讲究一定的策略，知道哪些应毫无保留地讲出来，哪些暂不能讲，到最后的关键时候再作为一种突破的手段，即一种"撒手锏"，才能取得想象不到的奇效。

（三）交易促成的基本方法

顾客是否购买将受到其自身的类型与特点、销售条件以及销售人员所能给予的种种有益的暗示的影响。对于推销人员来说，掌握必要的交易促成方式对其成功销售很有帮助，一般来说，促成交易的方法主要有下表的几种：

促成交易的方法

交易促成方法	方法应用
主动请求法	推销人员用简单明确的语言，向顾客直截了当地提出购买建议，也叫直接请求成交法。这是一种最常用也是最简单有效的方法
自然期待法	推销人员用积极的态度，自然而然地引导顾客提出成交的一种方法。自然期待法并非完全被动等待顾客提出成交，而是在成交时机尚未成熟时，以耐心的态度和积极的语言把洽谈引向成交
配角赞同法	推销人员把顾客作为主角，自己以配角的身份促成交易的实现。一般的人都不喜欢别人左右自己，对于内向型与独立型的人，更是如此，他们处处希望自己的事情由自己做出主张。在可能的情况下，推销人员应营造一种促进成交的氛围，让顾客自己做出成交的决策，而不要去强迫他或明显地左右他

交易促成方法	方法应用
假定成交法	推销人员以成交的有关事宜进行暗示，让其感觉自己已经决定购买。假定成交法就是推销人员在假设顾客接受推销建议的基础上，通过讨论一些细微问题而推进交易的方法
肯定成交法	推销人员以肯定的赞语坚定顾客购买的信心，从而促成交易的实现。从心理学的角度来看，人们总是喜欢听好话，多用赞美的语言认同顾客的购买能力，可以有力地促进顾客无条件地选择并认同你的提示
选择成交法	推销人员直接向顾客提供一些购买决策选择方案，并且要求顾客立即购买推销品的一种成交方法。它是假定成交法的应用和发展。推销人员可以在假定成交的基础上，向顾客提供成交决策比较方案，先假定成交，后选择成交
小点成交法	推销人员通过次要问题的解决，逐步地过渡到成交的实现。先小点成交，再大点成交；先就成交活动的具体条件和具体内容达成协议，再就成交活动本身与顾客达成协议，商量后达成交易。小点成交法避免了直接提示重大的和顾客比较敏感的成交问题
从众成交法	推销人员利用大多数人的购买心理和行为促成交易的实现。从众成交法创造一定的众人争相购买的氛围，促成顾客迅速做出购买决策
最后机会法	推销人员向顾客提示最后成交机会，促使顾客立即购买的一种成交方法。这种方法的实质是推销人员通过提示成交机会，限制成交内容和成交条件，利用机会心理效应，增强成交

五、促成交易的注意事项（签保单、合同）

1. 动作

准确把握时机，灵活运用方法，同时需要配以有效的动作加以促成。促成的动作与话术是同步的。

（1）适时取出合同书。合同书不一定非等到用时才取出，可以与建议书或其他展示资料同时取出。讲解时，先放在建议书的下面或准主顾手边。当讲解到位时，即促成时机来临时，顺势就是促成签单的动作。这样不会让客户感到突然。

（2）请客户出示身份证。

（3）自己先签名，并引导客户签名。在言语之间将签字笔很自然地递到客户手中，也可在讲解条款或建议书时递给客户。

（4）写便条或签发收据。自然、谨慎填写，同时问准顾客"您看您是刷卡还是付现金呢？"

2. 注意事项

许多细节的把握是有助于顺利促成，不能大意。

（1）坐的位置。最好坐在准主顾的右侧，并尽可能在同一边，以免因面对面而产生距离感。同时有助于说明，不要遮挡准主顾的视线。

（2）事先准备好合同、收据。事先充分准备，避免失去促成时机。切记"机不可失，失再难来"。

（3）让客户有参与感。在促成签单过程中，准主顾是演员，业务员是导演，要让准主顾有较强的参与感，不要抢占主角的位置，尽可能辅导客户自己填写保单，准备一些轻松话题，不可冷落客户。

（4）注意仪表，谈吐举止大方。签单前后要保持一致，不能喜形于色。
（5）使用辅助工具，引导需求。

【任务实施】

步骤一：分析交易促成影响因素

在本情境中，张琪对影响本次交易促成的因素分析如下：

顾客因素：中年夫妇对复合地板的认识程度高，对商品有强烈的购买欲望，并且购买需求量大，但决定购买时犹豫不决。

商品因素：同档次的复合地板的供应商多，品牌竞争激烈。

自身因素：了解顾客真实需求，业务能力强。

步骤二：运用交易促成策略及方法

在本情景中，张琪认为顾客购买时犹豫不决不是因为产品本身的因素，而是价格原因，顾客不着急购买，是想等待更好的购买时机。针对这样的情况，张琪运用以下策略和方法：

（1）给予顾客肯定的暗示，帮助其消除疑虑。

（2）制造销售紧张气氛，增加顾客对产品需求的紧迫性，试着帮顾客做出决定。

（3）用最后机会法解开顾客心中的"价格结"。

（4）采用少幅让价策略，保留一定的成交余地。

对话如下：

张琪：刚才您对我们的产品都全面了解过了，我看您挺满意的，不知道您还有什么顾虑呢？

顾客：你们的产品大同小异，我希望能买到最优惠的，而且我也不急着买，所以想等等再说。

张琪：是这样啊，没关系，不过现在这款复合地板在本月1号到3号有优惠活动，今天是最后一天了，如果不买真是有点可惜了。

顾客：这款复合地板我前面已经了解过价格，您这边给我什么优惠呢？

张琪：附近几家店的价格我都知道，最便宜的是48元给你，我这里可以少，但不可以少太多。这样吧，46元给你吧！我相信这种等级的货没有更便宜的了！

顾客：好的。那请问你们这边能提供什么售后服务呢？

张琪：我们实行三年保修、一年保换、三个月内包退服务！这样你放心了吧！

顾客：好的！我跟我的朋友商量一下！

张琪：好的！这是我的名片！如果有问题可以随时找我，我们从早上开业到下午6点都在这。谢谢！

步骤三：把握交易促成时机，促成交易

在本情景中，顾客认真听取了张琪的讲解并问及售后服务的问题，张琪捕捉到此次交易成交的信号，也认真化解了顾客提出的异议。顾客的购买欲望在张琪的推动下逐步提高。因此，张琪认为这是成交最好的时机。但是，顾客不能立即做出购买决定，张琪并没有操之过急，而是拿出名片留下联系方式，静待顾客的回复！因为她有信心顾客一定会再次到来。（10 分钟后，顾客真的如张琪所预料的那样再次到来，张琪热情招待顾客，双方以此价格成交并让顾客签订了订单协议！）

步骤四：完成交易促成动作

本情景中，张琪取出协议书，讲解协议各项条款，顺势促成了签单动作。

【实战训练】

活动一：请结合所学知识，以小组为单位，根据以下情景设计对话，然后分角色演练，帮助李雯促成交易！

李雯是顺联家具城某品牌办公家具门店的一名销售员，近段时间顺联家具城正举办第七届（乐从）国际家具展销会，在报纸、电台以及户外做了大量广告。星期三下午，一个客户进了展厅，开始仔细查看展出的沙发，李雯认为他是一名该产品的潜在客户。

活动二：试分析以下案例的失败缘由。

销售人员向走进店面的客户招呼道："小姐，我们的商品是很好的。在同样的野外求生衣服中，它的面料是获得国际认证的。"客户看了一眼，点点头，没吱声，销售再接着讲："现在我们正好有促销，八折，很优惠的。"客户再点点头，走了。

【理论练习】

一、填空题

1. 交易促成是指买卖双方以相同且 _____ 达成交易的行为。

2. "顾客对产品本身不了解，不敢妄然去购买"，这属于影响交易促成因素中的_____。

3. 推销人员用简单明确的语言，向顾客直截了当地提出购买建议。这是交易促成策略中的_____。

4. 交易促成的时机主要有捕捉成交信号和_____。

5. "推销人员用简单明确的语言，向顾客直截了当地提出购买建议"，这是在说交易促成基本方法中的_____。

二、单选题

1. "一分钱一分货""好货不便宜"，此类说法是指交易促成中的（   ）因素
   A. 顾客   B. 商品   C. 价格   D. 推销员

2. "花钱买垃圾，这是谁都不愿意做的事"，这是影响成交的（   ）因素。
   A. 顾客   B. 商品   C. 价格   D. 推销员

3. "必须让顾客对推销员所推销的商品有强烈的购买欲望"，这是交易促成的（   ）。
   A. 概念   B. 影响因素   C. 基本条件   D. 基本策略

4. "推销成交的障碍除了顾客、商品本身以及外界其他条件外，同时来自于推销人员自己的一种情绪和心态"，这是在说交易促成中的（   ）
   A. 保持自然良好的成交态度   B. 捕捉成交信号
   C. 成交时机的选择   D. 掌握洽谈主动权

5. "推销人员利用大多数人的购买心理和行为促成交易的实现"，是指交易促成方

法中的（　　）。

    A. 主动请求发   B. 假定成交法   C. 选择成交法   D. 从众成交法

    6. "在推销成交阶段，最忌意外发生和第三者介入阻挠。"这主要在讲交易促成基本策略中的（　　）

    A. 保持自然良好的成交态度   B. 防止意外介入

    C. 注意成交信号，把握成交时机   D. 掌握洽谈主动权

    7. "推销人员用积极的态度，自然而然地引导顾客提出成交的一种方法"，这是交易促成方法中的（　　）。

    A. 主动请求法   B. 自然期待法   C. 选择成交法   D. 从众成交法

    8. "推销人员以肯定的赞语坚定顾客购买的信心，从而促成交易的实现"，该方法是在说交易促成方法中的（　　）。

    A. 主动请求法   B. 自然期待法   C. 选择成交法   D. 肯定成交法

三、多选题

1. 影响交易促成的商品因素主要有（　　）。

    A. 商品基本效用   B. 商品价格   C. 商品品牌   D. 商品渠道

2. 交易促成的基本条件有（　　）。

    A. 全面了解商品和价格   B. 熟悉推销员及其公司

    C. 产生购买欲望   D. 做出购买行为

3. 以下属于"影响交易促成的顾客因素"的是（　　）。

    A. 有意图无能力   B. 质量低劣   C. 情绪情感   D. 品牌效应

4. 交易促成的时机主要有（　　）。

    A. 捕捉成交信号   B. 选择成交时机

    C. 选择成交方法   D. 明确成交策略

5. 交易促成的基本方法有（　　）。

    A. 主动请求法   B. 被动请求法   C. 选择成交法   D. 配角赞同法

四、简答题

1. 如何捕捉成交信号？

2. 请举例说明你生活中使用的促成交易的方法。

五、案例分析题

1. 一位顾客走进一个服装店里挑衣服。

顾客：把这件拿给我看看。

（试穿后）导购员：这衣服不错，挺合您身的，穿起来很精神，显得更潇洒。

顾客：我比较喜欢那种暗条纹的，这种条纹的我穿好吗？

导购员：这种花色和款式今年夏天特别流行，您穿起来特别有气质。我们昨天进了十套，今天就只剩下两套了。

顾客：那好吧。

请分析案例中的导购员使用了什么成交方法。

2. 小华是 TCL 的销售代表。这天她接待了一位特别犹豫的客户，经过产品介绍后客户就是迟迟不下单。于是小华开始说道："老板，刚才给您介绍了现在最畅销的也是

您比较感兴趣的这款电视，说实话，我觉得真的比较适合您，怎么讲呢，首先您比较关注的 3D 观影效果，咱们刚才试过了，感觉还不错吧，而且咱们又是 3D 频道 CCTV 独家合作伙伴，3D 效果有保障。再者您比较喜欢这个手势识别功能，这个可是 TCL 花大手笔引进的一个行业内权威功能，可以和三星的手势识别相提并论，而且这个采用三星屏体的银色边框，放在家里绝对显档次，安卓系统及超大的内存让您看电影的时候不会缓冲很久，真的很划算。怎么样，是今天给您安排送货还是明天？"请问案例中的小华运用了哪种成交方法？

任务评价

序号	评价标准	分值（100 分）	得分
	小组评价	共 40 分	
1	出勤情况	5	
2	态度与纪律情况	5	
3	参与讨论情况	10	
4	小组展示情况	10	
5	团队合作情况	10	
	个人评价	共 60 分	
6	了解影响交易成交的诸因素、成交的条件	10	
7	掌握成交的方法和策略	15	
8	能及时发现顾客的成交信号	10	
9	能辨析成交失败原因	10	
10	能灵活运用有效的成交策略及主要技巧方法，促成交易	15	
	合计		

模块三

售后服务

任务十　收款、回款与催款

【学习目标】

1. 明确回收货款与售出商品同等重要。
2. 知道常用的收款方式并能根据不同的客户情况判断选择出适合的收款方式。
3. 知道回款的基本流程与要求，并能规范化实现回款。
4. 掌握不同类型客户的催款技巧与策略，并在实际中灵活运用。

【任务描述】

小刘是一家图书公司的推销员。自从公司开始实施赊销制度后，小刘的业务量变得大了起来。在奔波忙乱的成交签约工作中，小刘逐渐开始忽视及时回收货款这一个重要工作任务。近日，最让小刘烦恼的是，与自己合作的一个大客户经常不按时还款，小刘催款了很多次，客户每次都表现出一副无奈的样子，"没办法啊，我目前资金周转不过来，等过了这段时间，我保证一定马上给你回款"。就这样一拖再拖，而小刘所在的公司财务部门也开始催促小刘去讨回货款。拿着财务部发给他的厚厚一叠催款对账单，小刘不知该如何是好。

【案例分享】

董明珠，珠海格力电器股份有限公司董事长、总裁，在2015年《福布斯》亚洲商界权势女性的50位榜单中位于第4位，2016年《财富》全球50大最具影响力女性中排第11位，2017中国最杰出商界女性排行榜第一位。

她出生于南京一个普通家庭，其丈夫在儿子2岁时病逝，这一事件成为董明珠人生的重要转折点，她来到了珠海并加入了格力，做了一名普通的业务员。那时空调是什么东西，董明珠并不太懂。刚一上岗，董明珠就遇到了一个最大问题，她上一任的一个业务人员，留下了一笔客户的四十多万欠债。很多人都劝董明珠，别去追了，这和她没有关系。

但董明珠不听，她觉得我既然是一名格力的员工，今天接替了上一任业务员的位子，就要对企业负责任。这一笔债四十多万，董明珠追了四十多天，天天堵在客户的门口，客户到哪她就跟到哪，最后那一天客户终于同意了，告诉她："你明天来拿货吧，我把货给你。"结果到第二天，客户却不见了人影。

董明珠特别生气，她没有就此放弃，相反她更加坚定了将这笔款项讨回来的决心。她找到了客户公司手下的几名员工，动之以情，晓之以理，让他们能够理解她的处境和难处："如果我们两个的工作单位换过来，你们会怎么样？"然后他们听了很感动，说：

"明天老总一到，就偷偷地通知你。"

第二天客户到的时候，董明珠就堵在了那儿。她自己一个人去搬空调，空调很重她不管，直接把它往车上拖，拖完就发动车子准备走。客户拦在了她的车前，董明珠告诉他说："我这一辈子都不会再和你做生意了！"

那一刻，董明珠流泪了，追债真是太困难了。

【案例剖析】很多人对董明珠追债的这件事不理解，因为这笔债不是董明珠个人欠下的，干吗这么较劲。但董明珠认为做人要有原则，要对别人负责任，既然是这个企业的员工，就要对企业负责任。而且作为业务员，不能仅仅善于销售，还要能回款。只有拿到全部货款，销售才算完成。售出货物与回收货款，是商品交易的两个方面，缺一不可。收不回货款的推销是失败的推销。

【知识点拨】

优秀的推销员既要能把产品推销出去，也要能把钱收回来。在售出货物后及时收回货款是推销人员的一项重要工作任务，是推销工作的终结证明，也是推销人员能力的最佳证明。每件业务只有在将全部货款收回来后才算画上一个句号。在洽谈业务和回款两者之间，如果时间比较紧的话，作为推销员应该首先去做的是收款，因为洽谈业务只是一个过程的开始，而收款则是一个过程的结束。如果只有开始而没有结束，只有业务的推销而没有所售出货物的回款，相信用不了多久，再大的公司也会因为资金短缺危险而快速垮掉。所以，收回货款是企业生存、发展的要素之一，只有不断提高回款质量，不断提高业绩，企业才能健康发展，自己才能快速进步。因此，收回货款不仅成为衡量一家企业经营管理水平高低的尺码，也成为衡量推销人员能力是否合格的主要标准之一。

在现代推销活动中，赊销、预付作为一种商业信用，它的存在是正常现象。那么，作为推销人员究竟该如何及时、全额地收回货款呢？

一、选择有效的收款方式

很多时候，收款难是因为推销员没有针对客户及自身的情况选择有效的收款方式。收款方式没有最有效的，也没有最差的，只有最合适的。对于推销员来说，选择一种适合的收款方式，不仅可以节省后续因为回款工作所付出的大量时间和金钱，而且还可以降低风险、提高效率。

按照客户是否赊货，收款方式可以分成做欠款和做现款这两大类，每一大类又有其具体的收款类型，我们将几种常用的收款方式进行了汇总，以供推销员参考，见下表：

几种常用收款方式汇总表

收款方式	具体分类	内容详述
做欠款	铺底式	指给客户一定金额的欠款作为铺底，一般在签订合同后首次发货时完成铺底。之后，客户在进货时只需要将超出铺底金额的款项给推销员，推销员即可发货
	压单式	指向客户发出第二批货后，客户一旦收到货物，即刻汇返第一批货款。向客户发出第三批货后，客户收到货物即刻汇返第二批货款……以此类推。这种收款方式不留漏洞，即客户如果在规定时间内不再继续进购货物，那么应当及时结清欠款
	翻单式	指客户汇返前次购物的欠款，推销员才向客户发出再次要进购的货物。前款不到，后货不能继续发，否则会积压欠款，增大收款风险
做现款	款到发货	指客户支付货款后才予以按照订单发货的方法。款到发货在商定时需要明确运费付款方、是否附发票等细节
	货到代收款	指委托第三方代收货款的方法。此种方法需要找到可靠且有实力的代收方，并明确代收费用率

对于新开发的客户和中小型客户，最好不做欠款。在做欠款时，原则上不做铺底式。即使是大客户，推销员也要视自身效益情况谨慎决定。同时，确定收款方式后，推销员要根据客户的信誉度制定合理的收款时间，收款时间一般有以下四种并应按顺序来执行，即 A→D，绝对不可以 D→A（见图 10－1）。

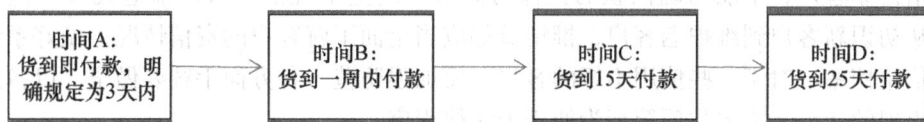

图 10－1 收款时间

二、实施规范化的回款

通过对大多数欠款进行分析我们发现，其中属于类似"三角债"或指令性"政策性拖欠"的欠款约占 8%；属于客户破产或者其他难以规避的原因造成的"客观性拖欠"约占 15%；由于企业或推销员选择不慎，赊销决策失误以及对欠款监控力度不够等自身原因造成的"管理性拖欠"占了 77%。因此，推销员错误、不规范的做法是导致客户借机赖账的最重要原因。因此，实施回款的规范化操作是至关重要的，应当引起推销员的高度重视。该如何规范化收回货款？推销员可以遵循以下回款管理流程图向客户开展收款（图 10－2）：

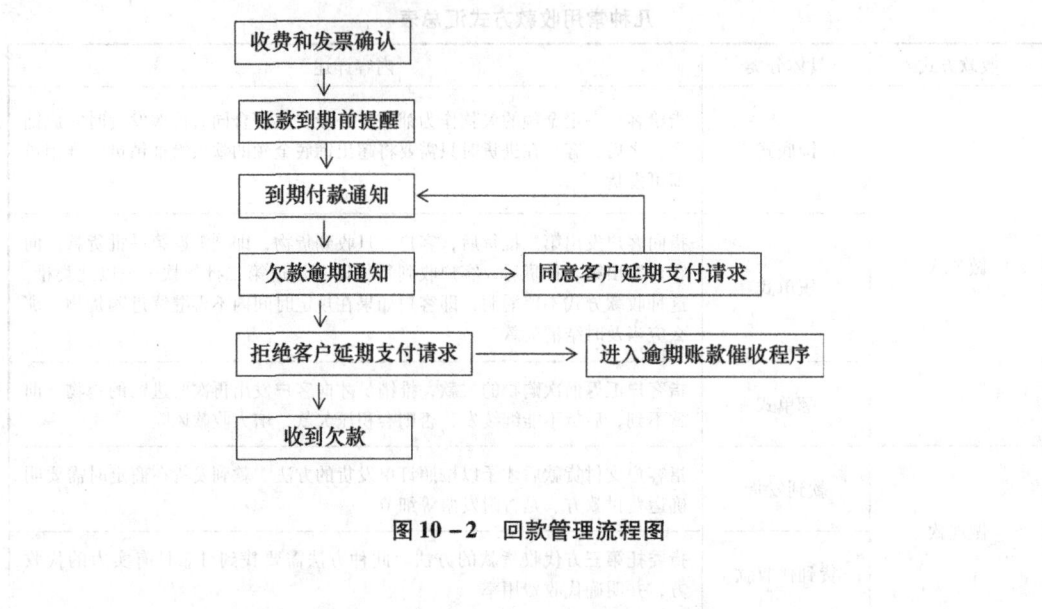

图 10 – 2　回款管理流程图

同时，推销员在推销事前、事中、事后分别做好有效预防、控制和监督以应对客户的欠款。

（一）事前预防

有些推销员为了争取成交，不顾公司的规章制度，为客户大开绿灯，还有一些推销员害怕得罪客户，不能明确回款的具体时间等，这些不规范的做法都造成客户拖延欠款。从初识新客户到维护老客户，推销员都应当全面了解客户的资信情况，做好系统的客户信用档案。对于一些信用不好的客户，要加强防范，各方面手续要做全，以备后期可能出现的违约、拖欠款项等行为便于走法律程序。

（二）事中控制

成交后并不代表推销员可以高枕无忧了，应当完善自身的服务，协助客户完成货物交接，为客户提供一切便利条件，减少客户产生拖延结款的借口，间接保证回款的安全性。如何做好成交后的欠款控制呢？

1. 亲自与客户确认货物

在售出产品后亲自确认货物数量和质量是否达到客户标准，得到客户无误的答复后，推销员方能名正言顺地向其收款。

2. 提前通知客户

在向客户收款前一周，电话拜访或上门通知客户，并再次同客户确认要收款的时间与金额。

3. 避免同客户争辩

客户对购买的产品有担心是十分正常的现象，推销员在此过程中如果不能安慰客户、肯定客户，反而同客户争辩，会影响双方建立起的好感，导致回款拖延。

4. 保证应收款数目的准确

将客户购进货物的时间、数量、单价等进行细分，并罗列在一张单据上，让客户能直观清晰地看到自己的消费情况。

（三）事后监督

如果客户超过了规定的日期没有正常回款，推销员应当及时了解情况，越早同客户沟通联系，实现回款的成功率越高。即使回款期限超过一天，也应马上进行收款，利用不等待的心理给客户一个正确观念：我们对于欠款是非常严肃的，是不容忍拖欠的。

三、采用不同的催款技巧

（一）常用的催款方法

1. 限量发货法

通过对货物的限量供应，迫使客户妥协进行回款。

【小故事】小高是药品推销员，在和一家医药公司签约供货期间，虽然该医药公司货物需求量较大但结款时却很困难，要么老总不在、要么资金紧张，总之理由很多，就是不回款。

为了解决这一矛盾，同时还要保持关系，不能紧张，小高采取了限量供货的方法，即在该公司后期要货时，对部分畅销产品您要多少都答应。但在实际操作中要10件只给5件，同时对其零售点采取奖励办法鼓励其多销该产品。这样，一方面终端总是要货而另一方面库房货总是供不上，一来二去老总知道了就问原因。小高就告诉老总该公司欠了多少款，自己的公司已发出风险警告，所以供货量就减少了，同时也扣发了自己的工资，最终回款问题得到解决。

2. 情感感化法

通过与客户良好的客情关系或私交，运用情感打动客户使其帮助你给公司回款，达到回款的目的，如通过与客户在交谈的时间或利用个人的表演，告诉客户遇到什么问题、如果不能完成公司会怎样怎样处罚，总之很为难，利用客户的同情心和朋友关系来达到目的。

【小故事】小华是某建材的一名业务员，最近遇到了一位难缠的客户。该客户拖款有一个特点，就是每次催款时负责人绝不躲避，态度也很和蔼，就是磨嘴皮，不提还钱的事情。小华知道肯定不能按照正常催款方法，于是决定用别的方法试试。一天小华去拜访客户，没有直接提还钱的事情，而是天南地北地和客户聊了起来。从闲谈中得知客户的女儿英语学习不是太好。小华想这也许是一个机会。于是和客户说道，自己儿子曾经英语也不好，不过找了个私人补习老师，补了几个月，英语成绩提高上来了。"要不要我帮您介绍一下?"客户很高兴地答应了。第二天，小华就找到了补习老师，把情况和补习老师说了一下，给客户的孩子补课，结果客户非常高兴。过了几个月，小华又去拜访客户，这次他也没有提钱的事情，但是客户却先开口了："欠你的钱时间也不短了，我们公司虽然也困难，但也该把钱还你了。"

情感感化法就是心理战，感情一旦建立了，问题也就迎刃而解了。但是建立感情也要讲究技巧，不可盲目使用，否则起不到理想的效果。

3. 双簧表演法

和同事配合，一个唱白脸一个唱红脸，相互配合达到目的。

【小故事】小王和他的同事对一个客户回款问题上就采用了此方法，当时该客户各方面任务指标完成得都相当不错，是一个很不错的客户，但在淡季为整体完成任务仍需要压货，在没有办法的情况下，小王的同事唱起白脸，首先对客户发难，指出客户如不能回款就重新增加或调整客户，而作为红脸的小王则站在客户的立场上与同事争得面红耳赤，就差没打起来了。客户见到此情况，一方面劝和小王他俩，另一方面问还差多少回款，最终顺利完成回款工作。

4. 死缠硬磨法

对某些总想方设法不回款的客户，业务员一定要有不达目的不罢休的精神。有推销员是这样运用此方法的：采取盯人的办法，客户到哪里，就跟着他到哪里，什么事都放下，就是看客户每天收多少钱，让客户说没钱都无法说，直到打款。

5. 声东击西法

想要客户回款却什么都不说，去做其他的工作，比如和其他的厂家客户频繁接触，造成另选客户的假象，并通过第三方渠道传出该客户回款不力、不利于企业发展的消息，来达到让客户回款的目的。

6. 吹毛求疵法

通过对客户工作中的不足之处进行放大，专找客户毛病，指出其工作的种种不足，并暗示就是这种不足造成任务无法完成，如果不能回款会有什么样的处罚，以至于无法合作等利害关系，作为客户在工作中不可能尽善尽美，当然也知道自己的问题，既然被抓住小辫也只能答应回款。

7. 欲擒故纵法

对客户提出的问题和要求表示解决起来很困难，几乎不可能，待对方会抓住此问题和要求大做文章，并提出只要解决就会回款的破绽时，便马上确认可以实现，使对方无回旋的余地，实现回款的目的。

8. 明细算账法

有些客户会因为利润小或淡季不愿意进货的客户，业务员可以通过与其他产品对比找出自己产品的优势，用算账的方式来说服客户，比如算资金利用率、资金占用量、每年给客户带来的利益（包括渠道上的、名声上的、利润上的），总之找到自己的长处与别人的短处去比，来说服客户回款。

9. 预定进货法

即利用客户的信誉，在货物未到之前与客户一起合作将产品预售给终端，实现货物的分流。

10. 协销回款法

在客户遇到回款困难的时候，推销员可以给予一定的帮助，利用自己的知识，帮助客户分析市场，帮助客户收欠款，给予客户经济上的帮助和管理、技术上的支持，制定策划促销方案等，以自己的诚心和服务打动客户，往往可以收到很好的效果。这样真心帮助客户、打动客户，客户一定会感恩不尽，尽快还款。

（二）特殊的催款方法

客户有不同的类型，在推销的时候会根据不同客户类型采取不同推销策略，同样在回款的时候，也要采取合适的催款方法，"具体客户，具体分析"，只有事先了解各种欠款客户的类型，"对症下药"才能"药到病除"，才能成功回款。

欠款客户的类型大致有以下四种：

1. 爱占便宜型

这类客户通常爱以"资金周转不开"作为拖延还款的借口，将欠款资金作为自己其他方面的周转金。对于"东折西扣"贪小便宜的这类客户，推销员可以采取外柔内刚、该放就放、施以高压等策略，对客户以和蔼的语气，坚决的态度，向其解释遵照交易条件付款可以得到长期利益，以政策、资源之小利引诱客户（图10-3）。

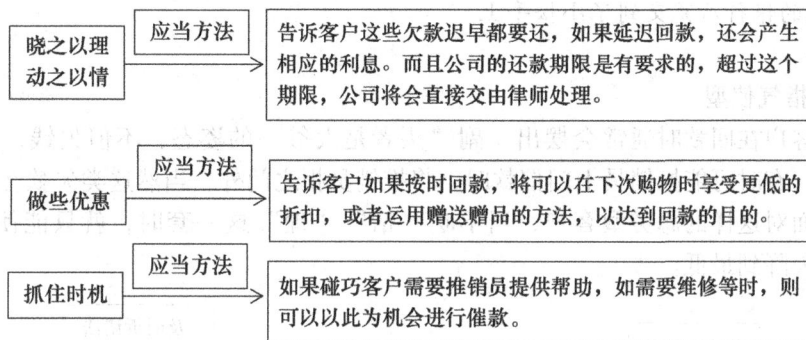

图 10-3　应对爱占便宜型客户的催款方法

2. 爱诉苦型

此类型的客户常向推销员诉说自己的苦衷，说他有这样的难处，那样的难处。面对这样的客户，推销员可以多倾听、多赞美，给足其面子。要先倾听客户的诉说，让其适度地抱怨，以发泄心中的压抑，然后对客户表示理解，多加赞美，激发其虚荣心，这样让其心理得到一定的满足，注意力也有一定的转移，再来谈回款就会容易点。

3. 爱耍赖型

无赖型客户时常以"没钱"为借口，但他们并非真的没钱。针对无赖型客户，推销员要十分耐心，做好"死缠烂打"的准备，软磨硬泡纠缠欠款客户，在整个过程中既不动怒，也不腻烦，直至达到催款目的为止。比如客户上班就跟着客户，这样几天下来或多或少会影响到客户的正常工作、生活，催促回款的效果就达到了。如果无赖型的欠款客户为大企业时，可以提高催款频率，每天至少不低于一次。如果遇到欠款客户有重要来宾时，最好能够在重要来宾面前谈论欠款事情。如果欠款客户为小企业时，不便上门拜访，则可以每天至少打一通电话进行催款。必要时将电话打到欠款客户的监督部门，并向其说明欠款情况。

除了软磨硬泡催款法外，对爱耍赖型欠款客户，推销员如果能做好充足的准备工作，如提前对客户进行调查、提供有说服力的证明等，也是可以有效应对的。

【小故事】小松是怡和集团家电业的推销员，他所在的区域有一位客户因库存严重超过警戒线，同时又适逢销售淡季，所以很不愿意回款。客户总是说："没钱还，要回款也行，你先帮我把库存消化了。"

小松在交涉多次后，他静下心来，把进销存报表、终端客户下游客户提货表找来，仔细研究了一番，带着些数据又去找客户谈。

小松拿着报表给客户仔细分析：去年一年你总共卖了多少；其中有多少是常规机，有多少是特价机，常规机利润是多少，特价机净挣了多少；这些货卖到了地方；下游网点提了多少；去年你赚了多少；为什么还要打款；现在库存多少；如果不回款，你又会损失什么。

面对小松的一连串问题，客户哑口无言，之前的底气一下子没了。第二天，客户便将50万元的银行承兑交到了小松手上。

4. 颐指气使型

这类客户在回款时通常会摆出一副"买者是大爷"的姿态，不但欠钱，而且欠得理直气壮，有时可能推销员上门催款时，将推销员拒之门外。当然这类欠款客户是比较少见的。面对这样的恶劣型客户，当不吃"情""理"这一套时，就只能使用"法"了，将损失降到最低。

图 10-4　应对颐指气使型客户的催款方法

(三) 常见的客户欠款方式及应对策略

1. 对付"拖"的策略：有些客户接到推销员的催款电话时，总是推托说"明天就还"，其实从来没有及时还上。这时推销员可以向客户发出确认函，让其签字确认还款时间，以便作为后期起诉客户欠款不还的凭证。

2. 对付"推"的策略：很多客户常以资金收不回来为由，拖欠账款，这时推销员要认清客户欠款的真正原因，以免卷入客户的三角债中。

3. 对付"拉"的策略：有些客户为了拖款，会采取很多手段拉拢推销员，这时，一定要保持清醒的头脑，分清局势，不可中了客户的圈套。

4. 对付"压"的策略：有些客户会拿厂家的竞争对手来压制推销员，比如强调还有很多供应商等着供货等，以达到拖款的目的。这时，推销员可以这样说：拿货给钱天经地义，不要说不合作了，这样容易伤大家的感情。

【任务实施】

步骤一：分辨客户拖款不还原因的真假

客户拖款不还的原因有很多，真真假假，作为推销员在这种时候要学会分辨，到底客户拖款的原因是什么，客户所说的资金周转问题是否真实。小刘开始展开调查与了解，仔细分析欠款客户，他发现客户在公司的图书订货量不减反增，而且还通过公司资料得知，客户与多家图书公司都有合作。于是小刘又跑到客户的图书大厦进行实地考察，发现上架的书籍款目众多，内容新颖，前来选购的客户络绎不绝。这足以说明客户的资金与运营根本没有问题。客户以"资金周转不开"为由拒绝还款纯属推托之词。

步骤二：摸透客户心理，了解其做事风格，界定其类型

没有一种方法是能应付各种客户的，必须对不同的客户对症下药，比如对待滑头的客户要快、准、狠，对待慢性子的客户要坚持、死缠烂打。因此，界定欠款客户的类型，因人而宜，采取不同的讨债技巧很关键。很明显，小刘发现欠款的这个客户是个典型的爱占他人便宜的客户，总爱以"资金周转不开"作为拖延还款的借口，将欠款资金作为自己其他方面的周转金。当小刘再次找到客户，向其追讨之前的欠款，果然不出小刘所料，客户仍然以"资金周转不开"为由拒绝偿还。

步骤三：采用外柔内刚、施以高压、小利诱导等方法

对于"东折西扣"贪小便宜的这类客户，推销员可以采取外柔内刚的态度，通过摆事实、讲证据，对其施以高压，同时运用该放就放的小利诱导等策略。于是，小刘当面将客户的家底账翻了出来，摆出事实证据，弄得客户哑口无言，不再以周转不开为借口推托还款。同时小刘还笑着告诉客户："为了提高客户回款积极性，我们公司新出了一条规定，如果客户能够积极回款，在下次进购时能享受 9.5 折的折扣，并获赠配套的宣传策划方案。"听到小刘这样说后，客户顿时表现出了极大的兴趣，他告诉小刘："我明天就让财务将欠款打到你们公司的账户上。"

【实战训练】

活动一：

小林最近有一客户拖欠了一笔 15 万元的货款，之前他们合作一直都是款到发货的，这次客户说时间紧迫来不及打款，货到付款，小林就同意了。可是当货到了后，他开始故意拖延，小林觉得有问题，开始担心起来。于是立即赶到客户公司那里，结果客户说他自己的客户的钱没有拿到手，所以没有办法给他打款。此时已经过了付款期限一个星期了。如果你是小林，该如何向客户讨回货款？

活动二：

小勇是中国化工集团华南区域的业务员，其所在的区域的客户因库存过多和竞品强力的积压而停止了回款。任凭小勇使尽浑身解数，客户总是回答四个字：没钱可还。根

据小勇平时对客户的了解，同时他又暗中调查了解客户公司的情况，发现客户的库存确实太多，资金周转不过来。在巨大的催款压力下，小勇没有坐等观望，而是想方设法跟客户达成协议：由小勇亲自帮他分销，压下去多少货，收回多少钱。后来小勇和客户员工一起，开始疯狂开拓市场，结合终端消费者的特点，制定旺季来临前的促销策划方案。就这样，小勇顺利完成了当月回款的任务。

请问：（1）小勇是如何完成回款任务的？他使用了哪些回款方法？

（2）他成功回款的关键是什么？

【理论练习】

一、填空题

1. 按照客户是否赊货，收款方式可以分为_____和_____两种。

2. 推销人员应对客户欠款应当在推销的事前、事中、事后分别做好_____、_____和_____。

3. 欠款客户的大致类型主要有_____、_____、_____和_____四种。

二、单选题

1. 通过与客户良好的客情关系或私交，来打动客户使其帮助你给公司回款的方法称为（   ）。

　　A. 欲擒故纵法　　　　　　　　B. 情感感化法

　　C. 协销回款法　　　　　　　　D. 声东击西法

2. 对某些总想方设法不回款的客户，业务员一定要有不达目的不罢休的精神，这种催款方法称为（   ）。

　　A. 情感感化法　　　　　　　　B. 死缠烂磨法

　　C. 吹毛求疵法　　　　　　　　D. 明细算账法

3. 推销员可以寻找产品的优势，通过计算每年给客户带来的利益等来说服客户回款的方法是（   ）。

　　A. 限量发货法　　　　　　　　B. 协销回款法

　　C. 吹毛求疵法　　　　　　　　D. 明细算账法

三、多选题

1. 对于比较难缠的欠款客户，你认为下列哪些选项可以作为应对方法？（   ）

　　A. 激将法　　　　　　　　　　B. 抓住客户的弱点

　　C. 利用客户的人情关系　　　　D. 增加客户的压力

2. 对于态度恶劣的客户，你认为下列哪些选项可以作为应对方法？（   ）

　　A. 注意在催款时留下证据

　　B. 对其进行威胁或使用暴力手段

　　C. 及时诉诸法律，防止过了诉讼时效

　　D. 对面临倒闭的客户需要进行破产债权申报

四、判断题

1. 对于新开发的客户和中小型客户，最好不要做欠款。（   ）

2. 在超过回款期限后，越早与客户沟通，实现回款的可能性越小。（　　）

3. 在向客户催收账款时，为了避免客户故意避而不见，所以不要提前通知客户。（　　）

4. 推销员对于感情派客户，可以多采取恭维策略；对于强硬派客户，实行软硬兼施的策略；对于无赖型客户，采用软磨硬泡策略。（　　）

五、简述题

1. 你认为对不同的客户采取不同的收款方式，会对推销产生帮助吗？具体有什么帮助？

_____

_____

2. 你了解客户回款的基本流程吗？请试着简述出来。你会在实际催款过程中，按照流程进行催款吗？

_____

_____

3. 在客户出现逾期未回款的情况时，你会如何进行处理？

_____

_____

任务评价

序号	评价标准	分值（100分）	得分
	小组评价	共40分	
1	出勤情况	5	
2	态度与纪律情况	5	
3	参与讨论情况	10	
4	小组展示情况	10	
5	团队合作情况	10	
	个人评价	共60分	
6	对收回货款工作的认识正确	10	
7	熟悉规范化回款的流程	15	
8	善于分辨欠款客户的各种理由	10	
9	能针对不同客户选用恰当的催款方法	15	
10	与欠款客户沟通得当	10	
	合计		

任务十一 客户投诉处理

【学习目标】

1. 正确认识客户投诉。
2. 能够解析客户投诉的原因。
3. 知道客户投诉的处理步骤。
4. 掌握客户投诉的有效处理技巧。

【任务描述】

小崔是一家化妆品公司的推销员，上个月她接待了一位中年女性顾客，并针对她的肤质和当前气候推荐了一款合适的润肤霜。但一个星期后顾客投诉说她销售假冒伪劣产品，因为顾客在使用该润肤霜后皮肤出现了红肿的现象，要求退款并赔偿她去医院进行相关检查、治疗及误工的费用等。小崔的同事认为当时给顾客进行了现场试用都没有出现明显问题，而且该润肤霜成分安全，特别适合敏感肤质，不应该出现红肿现象，她觉得是顾客有意在讹诈小崔，如果你是小崔该怎么办呢？

【案例分享】

有近百年历史的松下电器（Panasonic）是日本的大型电器制造公司。松下幸之助是其创始人，他一贯主张善待顾客，在他看来服务有两种：一种是直接服务，一种是间接服务。作为制造商，要努力生产价廉物美的商品来服务顾客，作为经销商，要耐心介绍产品，热情接待顾客，保持与顾客的经常联系，主动询问产品的使用情况，并提供及时周到的售后服务。松下幸之助尽心尽力对待顾客的态度，在别人看来很难理解。但正是这种做法创造了松下人的精神，也正是这种松下人的负责精神，使得松下电器获得了大众的青睐。

20 世纪 50 年代，在松下公司流传着这样一个故事。一位顾客刚买不久的电视机出了故障，顾客抱怨不绝，负责维修的人员立即上门修理，但由于毛病太多，必须带回厂里修理。维修人员对顾客说："真对不起，得过几天才能修好，不过我会尽快给您送回府上。"那时电视机尚未普及，电视机工业处在成长时期。故障时有发生，所以售后服务显得尤其重要。对顾客来说，出现故障以后只要能够得到及时修理，也就无话可说了，那位电视机主人也是这么想的。可是他万万没有想到，半小时以后，维修人员送来一台新的电视机，并说："这是敝人的电视机，贵府的电视机修好之前，请暂用这一部。"客户非常感动。

松下幸之助长期担任社长及会长的职务，常常会接到客户寄来的信件。这些信件有赞美的、有提建议的，但大多数是指责和抱怨的。他对于赞美的信固然感激，但是对于抱怨的意见，却看得更重要。顾客的抱怨是很严重的警告，但如果能诚心诚意地处理顾客抱怨的事，往往又是创造另一个机会的开始。某大学教授曾寄给松下幸之助一封信，抱怨他们学校在松下公司购买的产品发生了故障。松下幸之助立刻请一位负责此事的高级员工去处理。起先，对方因为产品出现故障显得不高兴，但这位负责人诚心诚意地解释，并做出了适当的处理。结果不但令客户感到满意，同时还好意地告诉这位负责人如何到其他学校去销售。

【案例剖析】很多公司或者推销人员都惧怕客户的投诉和抱怨，但松下幸之助和他的公司并不这样认为，他们觉得通过客户的抱怨，松下公司得以与客户建立起另一种新的关系。用正确的心态和方式去对待顾客的投诉，可能解决的不仅仅是销售的危机，更可能会带来新的销售机会。

【知识点拨】

美国商人马歇尔·费尔德曾说过："那些购买我产品的人是我的支持者；那些夸奖我的人使我高兴；那些向我埋怨的人是我的老师，他们纠正我的错误，让我天天进步；只有那些一走了之的人是伤我最深的人，他们不愿给我一丝机会。"全世界很少有不被投诉的公司，也很少有不被投诉的产品，所以作为推销人员我们一定要能够接受客户的投诉，这是一种正常的售后服务，并且要学会处理客户投诉的技巧。那么在遇到客户投诉时我们应该怎么做呢？

一、正确认识客户投诉

客户投诉是指客户对企业产品质量或服务上的不满意，而提出的书面或口头上的异议、抗议、索赔和要求解决问题等行为。客户投诉看起来是客户对商品或服务的不满甚至是责难，这往往让推销人员觉得尴尬从而引发一些冲突。其实这种不满只是表象，实质上客户投诉是客户对企业或商品的期望值与信赖度的一种体现，客户投诉的往往是我们做得不够的地方。我们一定要记住一点，客户不投诉不代表满意，在遇到问题时客户完全可以一走了之。能够发现问题并且指出问题的客户不是我们的敌人，而是我们的贵人，他们给了我们一次机会，他们指出我们的服务在什么地方出了问题，哪些方面不能满足他们的期望；他们指出我们的竞争对手在哪些方面超过了我们，或我们落后的地方等。客户的投诉是送给我们最好的礼物，帮助我们找到问题，完善服务，提升管理，使我们不断成长和进步！客户的投诉并不意味着他们不喜欢我们，相反，他们是希望我们能够做得更好。如果我们再也听不到客户的投诉，很可能意味他们永远不会再给我们为其服务的机会。这些投诉的客户在远离我们之余，往往还会将其抱怨告诉我们的客户以及潜在客户，甚至我们的竞争对手，对我们的发展造成极严重的威胁。所以我们要把处理客户投诉作为加强顾客对品牌忠诚的一次契机，采取主动积极的态度来处理客户投诉，要对因服务或者沟通等原因所带来的失误进行及时补救，帮助企业或产品重新建立信誉。

二、客户投诉的原因和类型

客户投诉一般有四种原因：一是对产品或服务项目本身的不满，比如产品质量问题、价格不合理或者服务设施落后、服务项目欠缺等；二是对服务人员的服务态度及技巧不满，如语言不当、态度冷漠、缺乏礼貌或专业知识不够、推销过度等；三是竞争者所带来的对比，比如他们所能提供的产品或服务比我们的更好；四是客户自身的原因，如使用不惯新的产品或服务等。

按照不同的划分标准，客户投诉的类型可如表 11 - 1 所示：

表 11 - 1 客户投诉的类型

划分标准	类型
按投诉的严重程度	一般投诉：性质轻微，没有给投诉人造成大的损失 严重投诉：问题严重，给投诉人造成巨大的损失
按投诉的原因	产品质量投诉、诚信投诉、价格投诉、服务投诉等
按投诉的性质	有效投诉：客户向主管部门投诉公司违规行为；客户向公司投诉部门或个人违规行为 沟通性投诉：求助型、咨询型、发泄型
按投诉的目的	建议性投诉、批评性投诉、控告性投诉、索取性投诉
按投诉客户的表现	质量监督型投诉：要求改进质量 理智型投诉：要求得到回复 谈判型投诉：要求获得赔偿 受害型投诉：要求获得同情

三、处理客户投诉的基本步骤

1. 接受投诉

在处理投诉时，第一步非常重要。接受投诉处理得好坏对于问题的解决影响深远，作为销售人员一定要对接受投诉予以重视。

（1）迅速受理。客户在产生投诉时已带有不满情绪，所以在接到投诉时一定要迅速受理，避免让客户等待，要立即接受客户意见，让客户感觉到对其意见和态度的重视，从一定程度上减轻客户的愤怒感。

（2）学会聆听。要能够倾听客户的意见，让客户充分表达心中的不满。客户在投诉时，多带有强烈的感情色彩，具有发泄性质，因此给客户一个宣泄不满和委屈的机会，在客户盛怒的情况下当客户的出气筒，需要安抚客户，采取低姿态，尽可能平息客户怒气，以让客户在理智的情况下分析解决问题。有许多企业员工在处理客户投诉时，往往还没有弄清楚客户抱怨的内容是什么，就开始与客户争吵，或者是挑剔客户的错误，强调企业并没有错误。这种处理客户投诉的方式不仅不能解决投诉问题，相反还会让客户更加不满，让客户与企业的矛盾升级，有可能造成无法挽回的后果。

（3）详细记录投诉内容。根据客户投诉登记表详细记录客户投诉的全部内容，如投诉人、投诉时间、投诉对象、投诉要求等。将客户投诉的内容以表格的形式记录下来，可以避免错漏，常见的客户投诉记录表格式如下（表 11 - 2）：

表 11-2 客户投诉登记表

投诉时间			投诉方式	
投诉人信息	姓名		联系方式	
投诉内容及 客户拟解决 方案				
记录人信息	姓名		记录时间	
处理措施与结果				
处理人信息	姓名		处理时间	
客户回访	是否解决			
	满意度			

在与客户沟通时，要通过提问题，用开放式的问题引导客户讲述事实，提供资料。当客户讲完整个事情的过程以后，工作人员要用封闭式的问题总结问题的关键。例如："您刚才所说的情况是……，是这样的吗？"

尽可能多地去了解客户想要的解决方案。很多工作人员往往是直接提出解决方案，而未考虑到客户的需求。所以应该首先了解客户想要的解决方案，工作人员主动提出"您觉得这件事情怎么处理比较好"，以便于企业在解决问题时居于主动地位。

（4）感谢客户。在接受客户投诉时最关键的一步是要感谢客户，这一步是维护客户的一个重要手段和技巧。一般包含四句话：第一句话是再次为给客户带来的不便表示歉意；第二句话是感谢客户对于企业的信任和惠顾；第三句话也是向客户表示谢意，让我们发现问题知道自己不足；第四句话是向客户表决心，让客户知道我们会努力改进工作。

（5）告知处理流程及时间期限。要让客户了解投诉的处理流程和处理的时间大概期限，让客户做到心中有数，这样可以消除客户的疑虑，并增强对投诉案件处理的信心，同时也会为自己处理投诉事件赢得时间。

2. 判断投诉性质

并不是所有的客户投诉都是因为企业本身问题出现的有效投诉，有一部分投诉是属于沟通性投诉，是客户自身的原因，如在使用过程中因为不会使用或者与其他竞争对手产品相比所带来的情绪上的一些不满。因此在了解客户投诉的内容后，要确定客户投诉的理由是否充分，投诉要求是否合理。如果投诉并不属于有效投诉，需要具体了解客户的背后原因，耐心地与客户进行沟通交流，力求消除误会解决问题。

3. 确定投诉处理责任部门

依据客户投诉的内容，确定相关的具体受理单位和受理负责人。如果是运输问题，交储运部处理；属质量问题，则交质量管理部处理。

4. 责任部门调查投诉原因

要查明客户投诉的具体原因及造成客户投诉的具体责任人。

5. 提出具体解决方案

当证实客户投诉是由于企业的原因造成的，就需要提出切实可行的解决办法。在处理客户投诉时，一味推诿，或者不愿意承担责任，这都将给企业造成巨大的损失。在提出解决办法时要寻求双方认可的范围，追求双赢，而且在必要的时候要坚持原则，不能一味地妥协退让。依据实际情况，参照客户的投诉要求，提出解决投诉的具体方案。如退货、换货、维修、折价、赔偿等。

6. 提交主管领导批示

针对客户投诉问题，应该及时报告主管领导，并寻求主管领导的帮助，解决方案要获得主管领导的批准。主管领导应对投诉的处理方案——过目，并及时做出批示。根据实际情况，采取一切可能的措施，尽力挽回已经出现的损失。

7. 实施解决方案

处罚直接责任者，通知客户，并尽快收集客户的反馈意见。对直接责任者和部门主管要根据有关规定做出处罚，依照投诉所造成的损失大小，扣罚责任人一定比例的绩效工资或资金，对不及时处理问题而造成延误的责任人也要追究相关责任。另外，在解决了客户投诉之后，还需要跟踪服务，以明确客户是否满意投诉解决方案。如果还有不满，企业仍然需要继续改进。

8. 总结改善

对投诉处理过程进行总结与综合评价，吸取经验教训，并提出改善对策，从而不断完善企业的经营管理和业务运作，提高客户服务质量和服务水平，降低投诉率。

三、有效处理客户投诉的技巧

（一）投诉客户的四种性格分析及应对方法

1. 老鹰型投诉客户

性格特征：爽快果断，以事实和任务为中心，喜欢支配人和下命令，时间观念很强，讲求高效率，喜欢直入主题，不愿意花时间闲聊，若能让他们相信你可以帮助他们，他们会迅速地给予正面积极的回应。

声音特性：语速快，音量大，语调变化不明显。

行为特征：他们喜欢与人竞争，可能会在电话中刁难，以显示他们的权威；急不可耐地想知道投诉后处理的结果，如会询问："怎么办？什么时候解决？"

投诉处理建议：

（1）留意语速，精简表达出沟通重点，给予客户干练专业的形象，让他感受到你尊重他的时间，希望双方的沟通是简洁有效的。

（2）留意与客户建立信任关系，由于他们喜欢讲而不是听，所以耐心倾听尤为重要。

（3）及时认同客户的合理意见，同时对他们不合理的想法要适时予以引导和纠正。

2. 孔雀型投诉客户

性格特征：与人沟通的能力特别强，通常以人为中心，而不是以事件为中心，喜欢在一种友好的环境下与人交流，希望能被其他人认可，不辜负其他人对他们的期望。

声音特征：语速快，音量较大，语调抑扬顿挫。

行为特征：沟通时表现得热情友好，对你所讲的信息反应迅速，有时会打断你。例如，他们会热情地和你打招呼："啊，你好，你好!"

投诉处理建议：

（1）由于这种类型的客户看重关系，因此创造热情愉悦的沟通氛围对他们是很有吸引力的，适当的闲聊对建立良好的关系有帮助。

（2）与客户探讨需求时，尽可能地使用可以刺激他们需求的词汇，如上级认可、关系、影响力等。

3. 鸽子型投诉客户

性格特征：镇静，做事不急不燥，习惯按程序做事，不喜欢冒险，往往也会多疑，安全感不强。

声音特征：语速适中，音量不大，语调略有变化。

行为特征：对你所提出来的问题，反应不是很快，回答时也是不急不慢；主动提出看法，只要你能引导好他们，他们会配合你的工作。

投诉处理建议：

（1）与客户沟通时语速要慢，音量不要太高；表现出礼貌和镇静，以显示出你的友好和平易近人，不要太过热情，以免对方怀疑你的沟通诚意。

（2）尽可能地找到与对方共同的兴趣、爱好，并通过这些与客户建立起信任的关系；沟通时可以采用的词汇有：合作、参与、相互信任、有效等。

4. 猫头鹰型投诉客户

性格特征：做事认真，喜欢通过大量的事实和数据来做判断，以确保他们做的事情是正确的，不太容易向对方表示友好，决策缓慢。

声音特征：语速慢，音量小，语调变化不大。

行为特征：对事情也不主动表达看法，常常让你无从下手，觉得难以理解；不太配合你的工作，不管你说什么他们都没有明确的态度，如果你表现得很热情，他们还会觉得不适应。

投诉处理建议：

（1）沟通过程中要表现得一丝不苟、有条不紊，凡事要注意细节，给其留下你事事有计划的印象。

（2）多一点提供数据和事实以供他们做判断，提供的资料越详细越能加强他们对你的信任；沟通时可采用的词汇有：准确、正确、认真对待、细节、让事实说话等。

5. 在关键技能上可以注意以下几点

（1）耐心多一点。在实际处理中，要耐心地倾听客户的抱怨，不要轻易打断客户的叙述，还不要批评客户的不足，而是鼓励客户倾诉下去让他们尽情发泄心中的不满，当耐心地听完客户的倾诉与抱怨后，当他们得到了发泄的满足之后，就能够比较自然地听得进服务人员解释和道歉了。

（2）态度好一点。客户有抱怨或投诉就是表现出客户对企业的产品及服务不满意，从心理上说，他们会觉得企业亏待了他，因此，如果在处理过程中态度不友好，会让他们心理感受及情绪很差，会恶化与客户之间的关系，反之若服务人员态度诚恳，礼貌热情，会降低客户的抵触情绪。俗话说"怒者不打笑脸人"，态度谦和友好，会促使客户平缓情绪，理智地与服务人员协商解决问题。

（3）动作快一点。处理投诉和抱怨的动作快，一来可让客户感觉到尊重，二来表示企业解决问题的诚意，三来可以及时防止客户的负面污染对企业造成更大的伤害，四来可以将损失降低，如停车费、停机费等，一般接到客户投诉或抱怨的信息，即向客户电话或传真等方式了解具体内容，然后在企业内部协商好处理方案，最好当天给客户答复。

（4）语言得体一点。客户对企业不满，在发泄不满的言语陈述中有可能会言语过激，如果服务人员与之针锋相对，势必恶化彼此关系，在解释问题过程中，措辞也十分注意，要合情合理，得体大方，不要一开口就说"你怎么用也不会？""你懂不懂最基本的技巧？"等伤人自尊的语言，尽量用婉转的语言与客户沟通，即使是客户存在不合理的地方，也不要过于冲动，否则只会使客户失望并很快离去。

（二）处理客户投诉的原则

1. 客户至上原则

要先平复客户心情，再处理事情。

（1）不要和客户争论。在收到客户投诉时，我们的关注点应该聚集在收集客户意见并商讨解决方案上，争论会阻碍我们对客户意见的聆听，而且会更加激发客户的怒气，对于问题的解决于事无补。

（2）以同理心认同客户感受。尝试站在客户的角度去感受客户的心情和困扰，以同理心认同客户感受，客户在投诉时会有不同的心理状态，我们要对此采取不同的应对技巧。但基本原则是耐心倾听客户抱怨，认同客户的感受，不与客户争辩，具体见表11-3。

表11-3 按客户不同投诉心理处理投诉

客户投诉心理	状态分析	投诉处理技巧
发泄心理	这类顾客在接受服务时，由于受到挫折，通常会带着怒气投诉和抱怨，把自己的怨气、抱怨发泄出来，这样顾客的忧郁或不快的心情由此会得到释放和缓解，以维持心理上的平衡	耐心倾听
尊重心理	多血质型顾客的情感极为丰富，他们在接受服务过程中产生了挫折和不快，进行投诉时，总希望他的投诉是对的和有道理的，他们最希望得到的是同情、尊重和重视，并向其表示道歉和立即采取相应的措施等	认真接待、及时处理
补救心理	顾客投诉的目的在于补救，包括财产上的补救和精神上的补救。当顾客的权益受到损害时，他们希望能够及时地得到补救	通过倾听、道歉来抚慰

2. 迅速原则

在接到投诉后要迅速采取行动，及时回应。如果是在销售过程中要即刻实现充分的补救。如果是在销售完成后，要迅速采取行动，并且让客户了解进度。明确告诉客户我们将要采取的行动并会立即执行，在适当的时候向其告知你的工作进度与状况，必要时询问他们的意见，让他们知道工作在大家都满意的状况下进行。替其分担担心和忧虑，将损失降到最低，坚持不懈重获客户满意。

3. 主动原则。在接到投诉后应该积极了解情况，寻求最佳解决方案，而不能向外推。另外，要及时上报上级，主动寻求上级的帮助。

4. 优先原则。

投诉工作要优于正常工作，要将其作为重点工作安排在每日工作中，力求尽快妥善解决。

5. 留档总结原则。要对客户投诉制定切实可行的预防纠正措施，并反复验证其实施效果，防止问题重复出现。

（三）处理客户投诉的禁忌

（1）不可以立刻与客户讲道理，客户在愤怒时听不进任何意见。

（2）不要急于得出结论，给处理一些缓冲时间。

（3）不要一味地道歉，在原因没有清楚之前，只能对给客户带来的不便表示抱歉，而不要对品质问题表示抱歉。

（4）不要推卸责任，如果不是你处理的权限，请告诉客户他应该如何去做或者帮助他找到具体负责人。

（5）不要使用公事公办的语气，要让客户感觉你理解他并急他所急。

（四）解决客户投诉的六种方法

（1）一站式服务法。从客户投诉接受到处理跟踪都是同一个人的方法，这种方法可以避免推诿，缩短时间，增加顾客的信任度。

（2）服务承诺法。这种方法可以让矛盾得以缓冲，争取到解决问题的时间。尽管有时不能立即对有些投诉做出一个满意的处理，但是要理解顾客希望马上得到妥善解决的焦急心态，要向顾客解释原因并给顾客一个明确的承诺，承诺投诉处理的时限和流程等。

（3）替换法。因为产品或服务等出现的问题，为顾客提供同类型或不同类型的产品或服务的方法。但这种方法使用前要核实真实性，并征得顾客的同意。

（4）补偿关照法。如果客户因为使用产品或服务受到了无法挽回的损失或伤害，补偿关照法可以避免事态的扩大，减少负面影响。这种方法是给予顾客物质或精神上补偿性关照的一种具体行动，在使用该方法时应首先考虑去评估顾客损失或伤害，在补偿前听取客户的需求。一般有打折、免除费用、赠送、经济补偿、额外成本和精神补偿等。

（5）变通法。适用于非公司或产品责任的客户投诉。找到双方的需求共赢点，寻求变通合作的一种方法。

（6）外部评审法。依靠外部力量来解决投诉的方法，比如行业协会、消费者协会、仲裁委员会等机构。

【任务实施】

步骤一：接受客户投诉、倾听客户意见

将心比心，客户在使用产品的过程中出现了问题，作为销售人员一定首先要站在客

户的立场考虑问题。小崔对于客户出现的皮肤红肿问题十分关心，主动给客户打电话了解目前情况，耐心倾听客户的抱怨，并对出现的状况表示抱歉，请其放心如若是产品问题，公司一定会负责处理的。建议客户停用公司产品，并到正规医院皮肤科进行检查，请医生出具诊断证明，并保留好目前的照片和治疗收据以备后续处理。

步骤二：判定投诉性质、调查投诉原因

恶意刁难无理取闹的投诉是属于沟通性投诉，这需要花费更多的沟通时间和精力，所以要判定投诉的性质。根据客户发来的照片和医院的收据，小崔认为客户确实是受到了皮肤红肿方面的困扰，不是无理取闹，而且问题有可能是因为公司的产品使用造成的，因此这属于有效投诉。但产品在试用过程中并没有出现问题，而且是在使用了一个星期后才出现了红肿的现象，产品本身的品质问题可能性不大，而且医生并未出具因使用产品导致皮肤红肿的诊断。小崔认为这应该是属于客户本身在使用过程中的问题，小崔需要进行详细的调查。小崔再次致电该客户，向她了解医生的诊断情况及目前的情况，同时提醒该客户皮肤红肿的过敏现象，有可能与其他化妆品混用或者食用海鲜等也有关系，请其回想一下目前在使用的化妆品或者饮食情况。客户表示没有使用其他化妆品或护肤品，仅在周末食用过一次螃蟹。小崔建议停用产品并待红肿消除后再试用产品。

步骤三：跟踪服务、总结改善

经过分析，小崔认为该客户是属于补偿心理的投诉者，对于该类型投诉者，虽然认识到责任不在于产品上，但内心仍然希望能够获得一些补偿和抚慰。小崔在一个星期后致电该客户关心其皮肤情况，得知皮肤已经消除红肿，但未恢复使用产品。小崔邀请客户来店先领取一只原来产品的小样，如果使用不再红肿再使用原来自己购买的大瓶，以防浪费，而且可以赠送新上市的眼霜小样给客户尝试，客户愉快地答应了。小崔总结这次的投诉，认为自己在今后的销售过程中应该多注意询问顾客是否有过敏源，并叮嘱客户在使用过程中避免接触过敏源。

【实战训练】

活动一：

一名客户在小孙处购买了一个电饭煲，回家第一次使用时发现饭还没煮熟，电源就自动跳闸了，客户强烈要求退款，但客户的购物小票已经丢失。小孙该怎么办？

活动二：

张女士在某家电专卖店购买冰箱时，导购员向她推荐了一款冰箱。导购员说："这款冰箱采用了新技术，静音且省电。"可是用了一个星期之后，张女士感觉冰箱的制冷效果不太好，主要是制冷速度慢。于是，张女士找到商家要求换货。商家不同意，说："又想马儿好，又想马儿不吃草怎么可能呢？这就如同鱼和熊掌不能兼得一样，既然省电环保，当然不能速效制冷。"但是，张女士认为，导购员在她选购冰箱时存在故意突出冰箱优点，隐藏冰箱不足的误导。因为导购员当时除了向张女士大力宣传节能环保，并没有如实提醒她制冷效果较慢等不足之处。现在张女士知道了这一不足，认为这款冰箱不适合他们家使用，要求商家给她换一款其他制冷速度快、制冷效果好一点的冰箱。

可是商家不同意，认为张女士既然选择了这款冰箱，而冰箱又不存在质量问题，没有理由要求换货，双方争执不休。最后，张女士一气之下，提出"现在我不想换了，要求退货"，商家更不愿意退货了。于是，张女士向消费者协会和工商部门进行了投诉，并咨询了律师，表示如果商家不能满足其要求，她就准备向当地法院起诉。

【理论练习】

一、填空题

1. 按照客户的投诉性质，客户投诉可以分为_____和_____两种。

2. 客户投诉是客户对企业或商品的_____和_____的一种体现。

3. 客户投诉的心理主要有_____、_____和_____三种。

二、单选题

1. 从客户投诉接受到处理跟踪都是同一个人的方法叫（　　　）。

A. 一站式服务法　　　　　　　　　B. 服务承诺法

C. 替换法　　　　　　　　　　　　D. 补偿关照法

2. 当客户的权益受到损害时，他们希望能够及时地得到补救。这种投诉心理属于客户的（　　　）。

A. 尊重心理　　　　　　　　　　　B. 认同心理

C. 表现心理　　　　　　　　　　　D. 补救心理

3. 在接受客户投诉时最关键的一步是（　　　）。

A. 记录下投诉原因　　　　　　　　B. 平息客户怨气

C. 感谢客户　　　　　　　　　　　D. 忍气吞声

三、多选题

1. 对处理客户投诉意义理解正确的是（　　　）。

A. 客户投诉可以促进企业成长

B. 巧妙处理客户投诉可以帮助提升企业形象

C. 客户投诉可以帮助企业发现隐藏的商机

D. 客户投诉是批评指责，是对产品或企业的憎恨

2. 客户投诉的原因一般有（　　　）。

A. 对产品或服务项目本身的不满

B. 对服务人员的服务态度及技巧不满

C. 竞争者所能提供的产品或服务比我们的更好

D. 客户自身的原因

四、判断题

1. 客户不投诉就代表满意。（　　　）

2. 在处理客户投诉时一定要首先承认自己的错误。（　　　）

3. 不管客户是有效投诉还是沟通性投诉，都应该本着客户至上的原则。（　　　）

4. 在解决客户投诉时要能够灵活变通，多倾听客户的需求。（　　　）

五、简答题

1. 你认为客户的投诉对企业或者销售人员来讲有什么积极的意义？

2. 你了解客户投诉处理的基本流程吗? 请试着简述出来。你会在实际处理投诉过程中, 按照流程进行处理吗?

3. 如果出现恶意刁难的客户投诉, 你会如何应对?

任务评价

序号	评价标准	分值 (100 分)	得分
	小组评价	共 40 分	
1	出勤情况	5	
2	态度与纪律情况	5	
3	参与讨论情况	10	
4	小组展示情况	10	
5	团队合作情况	10	
	个人评价	共 60 分	
6	对客户投诉的认识正确	15	
7	熟悉处理客户投诉的基本流程	15	
8	善于分辨客户投诉的性质	10	
9	能够用正确的态度对待客户投诉	10	
10	与投诉客户沟通得当	10	
	合计		

任务十二　回访

【学习目标】

  1. 知道售后回访工作的流程。
  2. 掌握售后回访工作的要点与技巧。
  3. 能有效开展售后客户回访。

【任务情景】

　　小玲在某护肤品牌公司做美容销售顾问已经快一年了，业绩一直保持着比较平稳的状态。眼看就要到年底，公司出台了年终业绩冲刺奖励方案，为了达成销售任务，获得更多的奖励，小玲起早贪黑努力开拓新客户，可是一个月下来，成交的订单仍然不见增加多少。而和小玲一同入职的小芳出门比自己少，却频频接到订单，小玲百思不得其解。后来小芳在公司销售业绩总结大会上分享了自己的秘诀。原来很简单，小芳在推销成交之后，都会定期或不定期地对客户进行电话回访。小玲回想了自己，虽然也积累了不少客户，但多数时间和精力都放在了开发新客户身上，与老客户联系的确不多，也很少主动进行回访。因此，小玲决定开始做好售后回访工作，拿着一堆客户信息资料，小玲究竟该如何开展回访？

姓名	生日	产品系列				月平均消费金额	活动周期			是否会员	联系电话
		美白	保湿	胶原	去斑		月	季	半年		
张洁	×××	√	√			500元	√			√	×××
李静	×××		√			200元			√		×××
王红	×××			√	√	1000元	√			√	×××
×××											

【案例分享】

　　李小东是一家打印机公司的业务员。为了提高销售业绩，他准备通过电话回访进行客户满意度调查。今早他一到公司，就开始了电话回访。

　　小李：您好，请问王强先生在吗？

　　客户：我就是，你是哪位？

　　小李：我是×××公司打印机的业务员李小东，您去年在我们公司购买了×××打印机，对吗？

　　客户：是啊！

小李：现在保质期已经过去了快大半年了，不知道您使用打印机的情况如何？

客户：使用情况很好，没有出现什么问题。

小李：那太好了。我这次给您打电话的目的是想通知您一下，这个型号的打印机不再生产了，以后的配件也比较昂贵，提醒您在使用时尽量按照说明书上的使用方法来操作。

客户：这么复杂，我们要按照说明书上的方法操作吗？

小李：一般情况是没有什么大问题的，但还是有必要注意，如果不加注意，会缩短打印机的使用寿命。

客户：我也没有指望能使用一辈子，不过，最近业务比较多，使用比较频繁，如果坏了怎么办？

小李：没关系，到时您只需要打一个电话，我们就会尽快上门维修。只是要更换的配件会贵点儿，收取一定的维修费，但是相对购买一台新的打印机，还是十分便宜的。

客户：嗯……现在新买一台打印机需要多少钱？

小李：那要看您选择什么型号了。您现在使用的型号是 33375，后续的升级产品是 33380，功能会更多，操作更方便。不过这要根据您自己的打印量来选择。

客户：现在公司的业务越来越多，打印量也变得越来越大，有时都能超过 10000 张／月了。

小李：如果是这样，我还真建议您考虑 33380 型号的打印机，这个型号的建议使用量是 20000 张／月，而 33375 型号的建议使用量是 10000 张／月，如果超过建议使用量，会严重影响机器的使用寿命。

客户：这样吧，你给我留个联系电话吧，这个号码是你本人的吗？年底我可能会考虑再买一台升级型号的打印机。

小李：嗯，我的电话号码是 138××××××××，考虑到您是老客户，购买时可以享受以旧换新等优惠。不过现在正好有尝鲜价优惠活动。

客户：什么优惠？

小李：升级版的打印机正常售价是 8500 元／台，如果您年底购买，可以享受 8 折优惠或赠送您一些外设；如果您现在在尝鲜活动期购买，可以在 8 折的基础上再减 500 元。当然了，这个得根据您的需要来定。这样吧，等您考虑好了再联系我。

客户：这样啊，听你这么一说，还是现在购买比较划算，是吗？

小李：是的，如果您决定要购买的话，现在买是最优惠的，您看我们是这周给您送货方便，还是下周方便呢？

客户：等我再考虑考虑吧。

小李：好的，没关系。如果您遇到有什么不太明白的问题可以随时和我联系。不过，我们的产品质量您已经使用过，也是知道的，既然您都打算更换升级了，早买、迟买都是要买的，现在买的话真的是非常划算的。

客户：那这样吧，下周一送来吧。到时我让财务给你结账。

小李：好的，就这么定了。十分感谢您对我们公司产品的信任与支持，那就不打扰您了，祝您工作顺利，身体健康，再见！

客户：不客气，再见！

【案例剖析】李小东使用电话对客户进行售后回访，在回访的过程中引导客户了解新产品，并通过对既有产品和客户现状的分析，逐渐挖掘出客户对升级产品的需求，之后又通过打折、尝鲜活动等优惠措施，用欲擒故纵、二选一等成交方法吸引顾客购买，最终成功促成二次销售。

【知识点拨】

回访是企业用来进行产品或服务满意度调查、客户消费行为调查、进行客户关系维系的常用方法。对于推销业务员来说，开展售后回访是一项非常重要的工作。它能帮助推销员准确地掌握客户的基本信息和动态，提升客户对产品或服务的满意度，在详细了解客户的基础上有针对性地对客户进行维系和二次销售。同时售后回访也可以帮助推销员发现自身的不足，及时做出改进。因此，需要认真策划。

一、回访工作流程

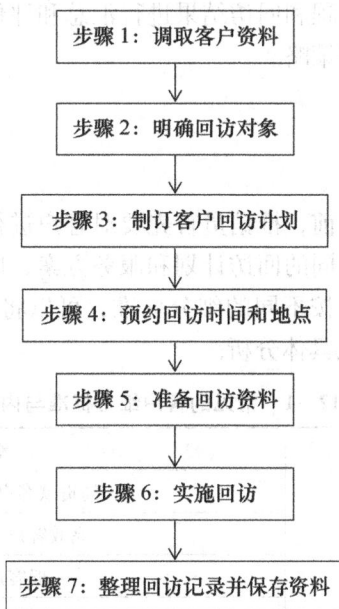

步骤 1：调取客户资料

步骤 2：明确回访对象

步骤 3：制订客户回访计划

步骤 4：预约回访时间和地点

步骤 5：准备回访资料

步骤 6：实施回访

步骤 7：整理回访记录并保存资料

图 12 –1　回访工作流程

步骤一：调取客户资料

推销人员根据公司客户资料库和客户回访的相关规定对所保存的客户信息进行分析。

步骤二：明确回访对象

推销人员根据客户资料确定要拜访的客户名单，并根据客户资料确定每个客户拜访的具体目的。

步骤三：制订客户回访计划

推销人员根据客户资料制订客户回访计划，包括客户回访的大概时间、回访内容、回访目的等。同时要根据公司业务情况结合客户特点选择适合的回访方式。

步骤四：预约回访时间和地点

及时同客户联系，与客户预约回访的时间和地点。在预约时间和地点时要充分考虑客户的时间安排，不打扰客户。

步骤五：准备回访资料

根据客户回访计划准备客户回访的相关资料，包括客户基本情况比如姓名、职务、年龄等，还有客户购买相关记录和消费特点等。

步骤六：实施回访

推销员要准时到达回访地点。要热情、全面了解客户的需求和对服务的意见，并认真填写客户回访记录表。回访结束后要及时将回访的相关资料归还公司，如果由于客观原因确实无法归还，应报主管批准。

步骤七：整理回访记录并保存资料

在结束回访的第二天应根据回访过程和结果，根据客户回访记录表，填写客户回访报告表，主要对客户的回访过程和回访结果进行汇总和评价，同时参考客户回访的相关资料制订客户开发计划和销售策略。

二、回访工作要点

（一）注意客户细分工作

在对客户进行售后回访之前，推销员首先要对客户进行详细的分类，然后针对这种分类为不同类别的客户制订不同的回访计划和服务方案，以增强对客户服务的效率。对客户进行细分的方法比较多，按不同的细分标准，可以将客户分为不同类别（表 12 - 1），推销员可以根据具体情况具体分析。

表 12 -1 常见的客户细分标准与内容

细分标准	细分内容
按照客户的贡献度	高贡献客户（成交量比较大）
	高效客户（成交价值较大）
	一般客户（贡献一般）
	休眠客户（购买量很小）
按照客户购买产品或服务的周期	高价值（月）
	一般价值（季度/半年）
	低价值（一年以上）
按照客户开发的来源	陌生拜访开发
	电话开发
	广告宣传
	老客户转介绍

续表

细分标准	细分内容
按照客户类型	个人客户
	组织客户
按照客户所在区域	地区
	省份
……	……

（二）明确回访的最佳时机和时间

回访是需要一定频率的，推销员回访过于频繁，会打扰客户的正常生活，引起客户的反感；回访过少，则难以同客户建立起良好的联系，容易使客户淡忘。那么，什么时机和时间回访客户，才能获得最佳的访问效果呢？

（1）定期回访。以产品售出 5～7 天、30 天、3 个月、6 个月……为时间段进行定期回访。建立起一个循环周期，通过这种方式，让客户了解最新的产品和服务相关问题，也能评估客户的真实满意度。

（2）节日/生日回访。在节假日、客户的生日时进行回访，同时送上一些祝福的话语，以加深推销员同客户之间的联系。

（3）进行过推介但当场并未购买的回访。要在推介后的当天立即回访（最晚不要超过第二天），这样你会收获最真实、最原始的反馈。很多新业务员在向客户推介后，就觉得没有什么了，认为客户有需要自然会联系自己，实际上这是不可取的。往往一次推介根本打动不了客户，引起不了别人的注意，因此在推介后要打电话回访，听听对方对你的看法和建议，以及获取对方的有效信息。七天时是加深客户对你印象的时间点，这时候你要解决前面回访客户对你的看法，这样就会加深对方对你的认可和认同。十五天，是你确定是否继续跟进的时间点，假若还是没有意向就可以选择放弃，或者继续跟进。

（4）提供售后服务之后的回访。推销员在回访的过程中发现问题时，应及时给予解决方案，最好在当天或者第二天到现场进行问题处理。

回访客户的时间如果以周为标准的话，通常情况，周二至周四是最合适的时间。星期一，这是双休日刚结束上班的第一天，顾客通常会有很多事情需要处理，一般公司都在星期一开商务会议或布置这一周的工作，所以大多会很忙碌。星期五，一周的工作结尾，顾客更多的是考虑安排周末的私人活动，所以这一天可以进行一些调查或预约的工作。回访客户的时间以一天为标准的话，早上 8：30～10：30，这段时间大多顾客会紧张地做事，这时接到回访电话也无暇顾及。10：30～11：30，这时顾客大多不是很忙碌，一些事情也会处理完毕，这段时间是回访的最佳时段。11：30～14：30，午饭及休息时间，除非有急事否则不要轻易打电话给你的顾客。14：30～15：30，这段时间人会感觉到烦躁，尤其是夏天，所以给顾客回访不合适，聊聊与工作无关的事情倒是可行。15：30～17：00 这段时间建议推销员要比平时多 20% 的工作量来做事情，这是我们开展回访工作、创造佳绩的最好时间。当然，回访客户的时间也要根据客户的不同职业有所调整。

（三）确定合适的回访方式

根据不同的客户情况，推销员可以选择不同的回访方式，以节省时间和精力，获得最好的回访效果。回访的方式主要包括电话回访、亲自上门回访、邮寄信件、电子信息回访（包括短信、微信、QQ、E-mail 等）这几种。其中最常见、使用频率最高的是电话回访。

（四）正确对待客户的抱怨

推销员在回访客户的过程中经常会遇到客户的抱怨，除了要平息客户的抱怨外，更要了解客户产生抱怨的原因，从而化被动为主动。推销人员在处理客户的抱怨时可以事先对抱怨进行分类，然后再做出处理。

客户的抱怨主要可以分为两类：一是来自于产品本身。比如产品的质量、性能、美观、价格、服务等方面不满意。二是来自于销售员，主要体现在服务态度不好、服务能力不足、不守诚信等。通过解决客户的抱怨，推销员不仅可以总结服务过程，提升服务能力，还可以了解并解决产品的有关问题，为再次销售做好准备。

当然，除了以上回访要点，推销员还需要掌握一些回访技巧，让自己的回访处于主动位置。

三、回访工作技巧

（一）用语规范

在回访的过程中，推销员的用语是非常重要的，它是通向再次销售的桥梁。推销员的表情、态度和用词，与客户的沟通方式和方法，是否遵守语言的礼仪，都会成为提升客户满意度的润滑剂。

下面罗列出在回访过程中的一些常用话术，供推销员在回访时作为用语参考。

开场语：

（1）您好！我是＊＊＊的推销员＊＊＊，请问您是＊＊＊先生/小姐吗？

（2）您前段时间从我们公司购买了＊＊＊＊产品，我们现在做一个简短的回访，不知道您目前是否方便？

（3）今天是＊＊＊节日/您的生日，首先祝您节日/生日快乐，这是专门给您的一点小礼物，希望您能喜欢。

回访基本用语：

（1）请问您对我们的产品的使用情况是否感到满意？

（2）请问您对我们的服务态度感到满意吗？

（3）请问您对我们的产品存在哪些不满意的地方？

（4）请问您认为我们的产品和服务应该做出哪些方面的改进？

（5）非常抱歉给您带来了不便，针对您反馈的这种情况，我们将会……

（6）针对您刚才提到的这些问题，您觉得我们应该如何改善比较好？您能给我们提供一些意见或建议吗，以便我们能为仍在使用这个业务的客户提供更优质的服务。

结束语：

（1）十分感谢您的提议，我们将会努力为您提供更好的服务。

（2）谢谢您的配合，如果您在使用过程中有不明白的地方，可以随时联系我们。

（3）很高兴您能抽空接受我们的回访。非常感谢您对我工作的支持，打扰您了，再见。

（4）非常感谢您给我们提供宝贵的意见/谢谢您的宝贵意见，祝您××快乐，再见！

（5）非常感谢您对我工作的支持，打扰您了，祝您生活愉快！再见！

（二）因人而异

针对不同性格的客户，推销人员在回访过程中需要区别对待，否则很可能影响双方建立起来的好感。

（1）对冲动性急的客户要态度温和。在回访过程中我们会碰到性急且暴躁的这类客户，他们会因一时性急而说出气话，这时我们只当未听见，不冲动、不急躁，以温和友好的态度面对他们，和他们心平气和地谈话。虽然这类客户很急躁，但是这类客户往往做事很果断，对于自己的需求是有着明确的认识的，因此只要他们平静下来，是能决定自己所需的。

（2）对优柔寡断的客户要坚定果断。这类客户表现优柔寡断、三心二意，常常是被人左右而又拿不定主意。特别是新单回访中常常会出现此类客户，客户购买了产品后又感到后悔，害怕被欺骗，害怕产品质量有问题，售后服务不到位等。推销员回访这类客户必须花费多一点的时间，而且必须运用坚定、自信、赞美的语气进行安抚，消除客户的忧虑，耐心地引导。

（3）对爱发牢骚的客户要学会倾听。回访这类客户要采用夸赞性语言满足其自尊心。客户的报怨，其实并不是什么了不得的问题。只不过是他原来就有不满情绪，正好借题发挥或小题大做。他可能只是想发泄一下心中的不满，目的主要是倾吐，希望获得理解和同情。面对这样的客户，不妨做个好听众，让他把话讲完，同样征求他对问题应如何解决所持有的意见，满足他的讲话欲望，使他的自尊心不受伤害，这样不需要采取更多的措施，也能把问题解决。

（三）善于提问

在客户回访中，有效地利用提问技巧也是必然的。通过提问，我们可以尽快找到客户想要的答案，了解客户的真正需求和想法，以便有针对性地引导客户重复消费。通过提问，厘清自己的思路；通过提问，也可以让愤怒的客户逐渐变得理智起来。在进行回访提问时，推销员最好能提一些具有针对性的问题，如选择性问题、服务性问题、开放性问题、封闭性问题等，以从客户的回答中洞悉客户的真实意图。俗话说，"人上一百，形形色色"，让每一位客户满意是非常困难的。作为推销人员只有不断创新、学习，学会克己、忍耐、付出成倍的努力才能取得成功，也只有这样才能把回访客户工作做得更好。

总之，客户回访是售后服务的重要环节。重视客户回访，充分利用各种回访技巧，在提高客户满意度的同时，顺理成章地赢得再次成交，从而达到一举两得的回访效果。

【任务实施】

步骤一：查询客户资料并进行细分

小玲将所有客户的资料按照顾客消费的档次、使用产品的类型、客户购买活动周期等进行一下分类。比如按照使用新活、美白、抗老化产品的类型来进行划分，明确客户的需求，使回访能更好地满足不同客户。或者按照消费档次和活动频率高低来进行分类，找出自己的重点客户、一般客户和休眠客户，从而有针对性地跟进不同客户群。

步骤二：制定不同类型客户的回访目的、回访方式

对于刚刚购买产品的新客户，小玲可以及时通过电话开展回访，询问客户使用产品后的感受如何，提示顾客产品正确的用法，最后表示欢迎客户随时来咨询。对于已经使用产品的老客户，可以在给客户寄出一些试用小样礼物后告知客户，邀约客户参加公司的各项优惠活动，在节日、生日送上祝福和问候等。

步骤三：运用技巧实施回访

具体话术示范如下"××小姐，您好！我是……昨天您在我们店里购买了××产品。为了让您达到最好的使用效果，我们做个简单的电话回访……您使用了我们的产品后感觉如何？您使用时记得要稍加按摩……希望您的皮肤越来越好，您在护肤方面有什么需求欢迎您随时来咨询……"如遇到客户的抱怨，应先安抚客户的情绪，帮助客户分析其原因并立刻去处理，直到客户满意为止。

【实战训练】

小光是某4S店新入职的一名汽车销售员。今天对于小光来说是一个特别的日子，因为这是他第一次和客户签约交车。在顺利和顾客王先生办理完各项手续，目送客户离开后，小光的主管上司就立马提示小光，汽车销售工作并没有就此结束，一定要和客户保持良好的沟通并及时做好回访。如果你是小光，你该在什么时间，以什么方式、缘由对客户王先生进行回访？请写出回访的具体话术。

【理论练习】

一、填空题

1. 回访工作流程主要分为＿＿＿＿＿、＿＿＿＿＿、＿＿＿＿＿、＿＿＿＿＿、＿＿＿＿＿和＿＿＿＿＿这七个步骤。

2. 回访方式主要包括＿＿＿＿＿、＿＿＿＿＿、＿＿＿＿＿、＿＿＿＿＿、＿＿＿＿＿。

3. 回访时机通常有＿＿＿＿＿、＿＿＿＿＿、＿＿＿＿＿、＿＿＿＿＿四种。

二、单选题

1. 回访最常见、使用频率最高的方式是（　　）。

A. 上门回访　　　　　　　　　B. 短信回访
C. 电话回访　　　　　　　　　D. 电子邮件回访

2. 对待优柔寡断型客户，在回访时我们应当（　　）。

A. 要用温和友好的态度对待

B. 要多点赞美客户

C. 不要干预，满足他们的讲话欲望

D. 运用坚定的话语安抚，消除客户的疑虑

三、判断题

1. 在回访中话术规范将有助于提升客户的满意度。（　　）

2. 客户的抱怨主要来自产品和销售员这两方面。（　　）

3. 对于性子急躁的客户，在回访时我们也要和客户保持相同的步调。（　　）

4. 在回访时有效地利用提问技巧是必要的。（　　）

四、简答题

1. 你认为对客户开展回访工作对销售业绩会有什么帮助？

_____

_____

2. 你了解客户回访的基本流程吗？请试着简述出来。

_____

_____

任务评价

序号	评价标准	分值（100 分）	得分
	小组评价	共40 分	
1	出勤情况	5	
2	态度与纪律情况	5	
3	参与讨论情况	10	
4	小组展示情况	10	
5	团队合作情况	10	
	个人评价	共60 分	
6	对客户回访工作的认识正确	10	
7	熟悉客户回访工作流程	15	
8	能根据不同类型客户选择恰当的回访方式、时间	15	
9	能熟练运用回访技巧	10	
10	与回访客户沟通顺畅	10	
	合计		

参考文献

[1] 崔利群，苏巧娜. 推销实务［M］第2版. 北京：高等教育出版社，2009.

[2] 崔立群，苏巧娜. 推销实务［M］. 北京：高等教育出版社，2015.

[3] 崔利群，苏巧娜. 推销与沟通技巧［M］. 北京：高等教育出版社，2011.

[4] 尹彬. 现代推销技术［M］. 北京：高等教育出版社，2007.

[5] 李红梅. 现代推销实务［M］. 北京：电子工业出版社，2006.

[6] 钟立群. 现代推销技术［M］. 北京：电子工业出版社，2006.

[7] 菲利普·科特勒. 市场营销管理（亚洲版）［M］. 北京：中国人民大学出版社，1997.

[8] 肖军，简彩云. 推销理论与技巧［M］. 长沙：湖南大学出版社，2005.

[9] 王淑荣，李小燕. 推销技能训练［M］. 北京：科学出版社，2008.

[10] 宋素红. 推销理论与实务［M］. 北京：化学工业出版社，2007.

[11] 陈新武. 推销实训教程［M］. 武汉：华中科技大学出版社，2006.

[12] 张晓青，高红梅. 推销实务［M］. 大连：大连理工大学出版社，2007.

[13] 曲云波，马旭，张伟. 业务员推销技巧与成功的销售训练［M］. 北京：企业管理出版社，1997.

[14] 乔·吉拉德，斯坦利·H. 布朗. 世界上最伟大的销售员：把任何东西卖给任何人［M］. 贾子达，杜嫦娟译. 重庆：重庆出版社，2015.

[15] 奥格·曼狄诺. 世界上最伟大的推销员［M］. 安辽译. 深圳：海天出版社，1996.

[16] 兰晓华. 乔·吉拉德快速推销技巧［M］. 北京：中国纺织出版社，2012.

[17] 王宝玲. 销售成交技能实战特训［M］. 北京：人民邮电出版社，2013.

[18] 博恩. 崔西. 博恩·崔西销售圣经［M］. 北京：化学工业出版社，2010.

[19] 张潜. 绝对成交的销售话术［M］. 广东：广东经济出版社，2010.

[20] 孔雷等. 训练销售精英［M］. 北京：企业管理出版社，2008.

[21] 屈力波. 派力营销思想库—销售业务管理［M］. 北京：企业管理出版社，1999.

[22] 杨子名. 业务员销售技能培训金典［M］. 北京：中国纺织出版社，2005.

[23] 盛金梅. 推销员手册［M］. 北京：中国纺织出版社，2002.

[24] 金正昆. 商务礼仪［M］. 北京：中国人民大学出版社，2006.

[25] 吕维霞. 现代商务礼仪［M］. 北京：对外经济贸易大学出版社，2003.

[26] 陈企华. 从推销员到销售主管［M］. 北京：中国纺织出版社，2003.

[27] 刘敏兴. 销售人员专业技能训练［M］. 北京：中国社会科学出版社，2003.

[28] 覃先锋. 66招搞定客户管理［M］. 哈尔滨：黑龙江人民出版社，2004.

［29］叶冠．销售从被拒绝开始［M］．北京：企业管理出版社，2006．

［30］周琼，吴再芳．商务谈判与推销技术［M］．北京：机械工业出版社，2005．

［31］肖建中．销售人员十项全能训练［M］．北京：北京大学出版社，2005．

［32］王生辉．消费者行为分析与实务［M］第3版．北京：中国人民大学出版社，2014．

［33］纪海芹．推销过程中顾客异议处理［J］．现代工贸企业，2014，26（18）：84 -85．

［34］朱亚萍．推销实务［M］第4版．北京：中国财政经济出版社，2015．

［35］李桂荣．推销实务技巧［M］．北京：北京大学出版社，2014．

［36］张秋林．现代推销理论与实务［M］．南京：南京大学出版社，2008．

［37］宋立强．推销口才［M］．北京：中国城市出版社，2007．

［38］赵志江．推销实务［M］．浙江：浙江大学出版社，2010．

［39］刘志超．现代推销学［M］．广州：广东高等教育出版社，2004．

［40］一分钟情景销售研究中心．一分钟情景销售技巧［M］．北京：中华工商联合出版社，2005．

［41］唐赤华，戴克商．消费者心理与行为［M］．第2版．北京：清华大学出版社，北京交通大学出版社，2011．

［42］易正伟，蒋国春．客户关系管理［M］．北京：清华大学出版社，2013．

［43］李志刚．客户关系管理理论与应用［M］．北京：机械工业出版社，2006．

［44］销售这样说，客户才会买［M］．北京：新世界出版社，2011．

［45］钟晓斌．三分钟说服你的客户［M］．北京：海潮出版社，2013．

［46］葛兰杰．说服每一个重要客户［M］．张如玉，译．北京：东方出版社，2010．

［47］乐佳．说服术：怎样有逻辑地说服客户［M］．深圳：海天出版社，2014．

［48］张岩松，刘晓燕．现代营销礼仪［M］．北京：清华大学出版社，北京交通大学出版社，2015．

［49］尹凤霞，范琳．职业核心能力基础训练［M］．北京：机械工业出版社，2014．

［50］季黎．营销职业素质实训［M］．北京：中国人民大学出版社，2011．

［51］冯华亚．推销技巧与实战［M］．北京：清华大学出版社，2012．